Arbeitsanweisung in der Aufgabe	Was ist genau zu tun?	Was dir zusätzlich helfen kann
erklären	Du gibst auf der Basis deines Wissens eine Antwort.	Zeige die Gründe für etwas oder die Zusammenhänge von etwas auf.
erläutern	Du erklärst, warum etwas so ist, und nennst dabei Beispiele oder Belege.	Mit Beispielen und Belegen veranschaulichst du deine Erklärung.
vergleichen	Du arbeitest aus zwei Materialien bestimmte Gesichtspunkte heraus und suchst nach Gemeinsamkeiten und Unterschieden, die du gewichtest. Am Schluss formulierst du ein Ergebnis.	Hier kann eine Tabelle hilfreich sein. Achte darauf, dass auch die Nennung von Unterschieden zu einem Vergleich gehören.

Anforderungsbereich III: Reflexion und Problemlösung
(Umgang mit Urteilen und Abwägen von Handlungsmöglichkeiten)

Arbeitsanweisung in der Aufgabe	Was ist genau zu tun?	Was dir zusätzlich helfen kann
überprüfen	Du untersuchst, ob eine Aussage stimmig ist und formulierst ein Ergebnis deiner Überlegungen.	Du musst nicht abwägen, sondern kannst dich für eine Richtung entscheiden.
beurteilen	Du nimmst Stellung zu einer Aussage von anderen oder einem Sachverhalt. Dabei geht es darum herauszufinden, ob diese Aussage überzeugend – also logisch und in sich stimmig – ist. Gib dabei die Gründe für dein Urteil an.	Formulierungen, die du verwenden kannst: *„Ich halte die Aussage für überzeugend, weil …“* – *„Weniger / nicht überzeugend ist, dass …“*
bewerten	Du beziehst Stellung. Allerdings kannst und sollst du hier stärker das einbeziehen, was dir persönlich oder unserer Zeit heute wichtig ist.	Formulierungen, die du verwenden kannst: *„Ich halte das für richtig (bzw. falsch), weil …“* – *„Damit habe ich Schwierigkeiten, weil …“*
erörtern	Dir wird ein Problem vorgegeben. Wie auf einer zweischaligen Waage kannst du das Problem abwägen. Lege die Gründe dafür in die eine Schale, die Gründe dagegen in die andere. Am Ende kommst du zu einem Ergebnis deiner Abwägung. Dabei hilft wieder der Blick auf die Waage: In welcher Waagschale finden sich die gewichtigeren Gründe?	Formulierungen, die du verwenden kannst: *„Dafür spricht …“* – *„Dagegen spricht …“* – *„Insgesamt komme ich zu der Einschätzung, dass …“*
entwickeln	Du suchst nach einem Lösungsansatz für ein Problem.	Achte darauf, dass sich dein Lösungsansatz mit Gründen oder Belegen aus den vorgegebenen Materialien untermauern lässt.
gestalten	Du stellst etwas her oder entwirfst etwas, zum Beispiel eine Rede, ein Streitgespräch zwischen zwei Personen.	Achte darauf, die Aufgabenstellung im Blick zu behalten. Beachte ebenfalls: Wen willst du ansprechen?

Liebe Schülerinnen und Schüler,

Wirtschaft als Unterrichtsfach ist ab diesem Schuljahr neu für euch. Ihr könnt gespannt sein, mit welchen Themen ihr euch in diesem Fach beschäftigen werdet. Sie betreffen euch direkt, euren Alltag und eure Freizeit: Wie wirtschafte ich klug? Wie behalte ich den Überblick über mein Geld? Was heißt Nachhaltigkeit? Und nicht zuletzt: Was kann ich zum Klimaschutz beitragen?

In der richtigen Wirtschaft geht es immer wieder um Entscheidungen.
Wir stellen euch in diesem Buch daher vor ähnliche Situationen: Wie kommst du mit knappem Geld zurecht? Was musst du bei Werbung beachten? Hierzu müsst ihr diskutieren, euch in Rollen hineinversetzen, selbst planen und begründet urteilen. Langeweile ist also überhaupt nicht angesagt. Wir haben uns bemüht, dieses Buch so spannend und attraktiv wie möglich zu gestalten und hoffen, euer Interesse zu wecken. Wie genau ihr das Buch benutzen könnt, ist auf den nachfolgenden Seiten „Zur Arbeit mit dem Buch" erklärt.

Viel Spaß wünschen

das Autorenteam und der Verlag

Zur Arbeit mit dem Buch

1. Jedes Kapitel beginnt mit einer **Auftaktdoppelseite**.
   Material und offene Aufgaben ermöglichen euch eine erste Annäherung an die Inhalte des neuen Kapitels. Dabei könnt ihr auch zeigen, was ihr schon über das Thema wisst. Außerdem hilft euch ein kleiner Einführungstext, einen Überblick zu bekommen. Über welches Wissen und Können ihr am Ende des Kapitels verfügt, könnt ihr ebenfalls nachlesen.

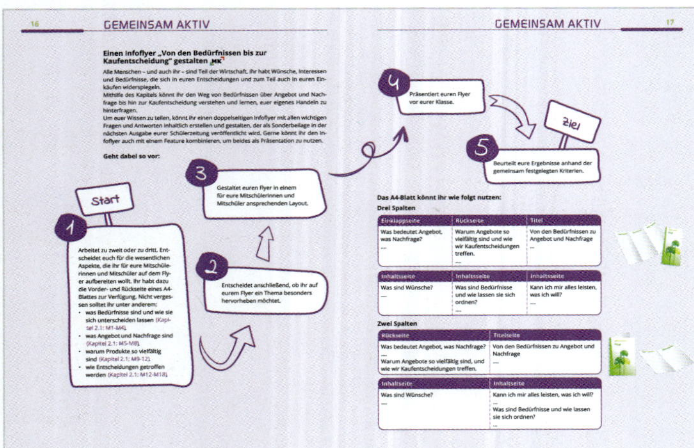

2. Auf den ersten zwei Seiten im Kapitel wird euch immer ein Weg vorgestellt, über den ihr weitgehend selbständig das Kapitel bearbeiten könnt („Gemeinsam aktiv“)! Dazu müsst ihr euch projektartig mit den Materialien und Inhalten des Kapitels auseinandersetzen und abschließend ein Produkt dazu erstellen.

3. Aufgebaut sind die einzelnen Unterkapitel ganz einfach:
   Das Thema wird in der Überschrift und wenige Zeilen darunter erläutert.
   Die **Materialien** sind immer mit „M“ gekennzeichnet und durchnummeriert.
   Natürlich lernt und arbeitet nicht jeder gleich schnell. Deswegen gibt es in der Randspalte oft **Hilfen** H oder auch **Zusatzangebote** F zu den einzelnen Aufgaben.
   Das Symbol ◌ zeigt an, dass es dieses Material oder diese Aufgabe auch in einer einfacheren Variante mit Hilfen gibt.

4 Ausgewählte wichtige Begriffe eines Themas werden in blauen Kästen als **Grundbegriffe** erklärt und mit einem # gekennzeichnet: Die Kernaussage findet ihr jeweils gleich zu Anfang, ergänzt um Details, Beispiele und Fachbegriffe.
Das ebenfalls blaue **Grundwissen** schließt jedes Unterkapitel ab. Hier werden die wesentlichen Inhalte zusammengefasst. Ihr könnt zur Nacharbeit oder zur Vorbereitung einer mündlichen oder schriftlichen Prüfung das Wichtigste nachlesen.

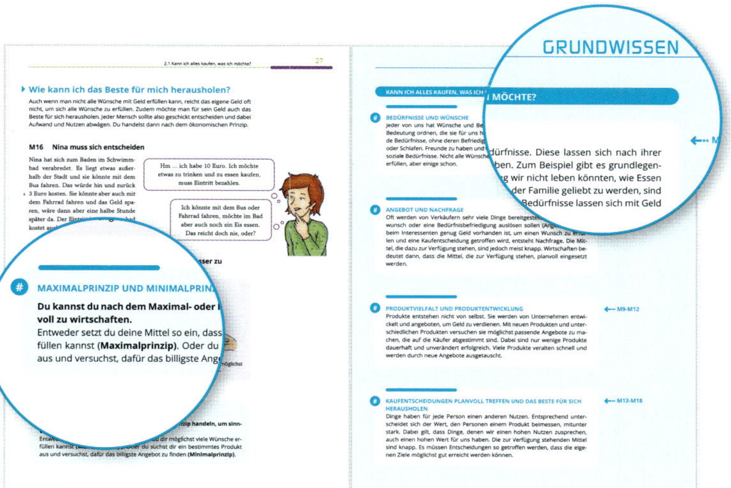

5 Im Fach Wirtschaft sollt ihr aber nicht einfach Fakten auswendig lernen und wiedergeben. Ihr sollt euch aktiv und kritisch mit Problemstellungen auseinandersetzen. Dafür müsst ihr Zusammenhänge verstehen und beurteilen lernen. Das Rüstzeug dafür sind bestimmte Fähigkeiten und Fertigkeiten – man nennt sie auch Kompetenzen. Mithilfe der Methoden lernt ihr Schritt für Schritt, wie man z. B. ein Feature erstellt, im Internet recherchiert oder Werbeanzeigen analysiert.

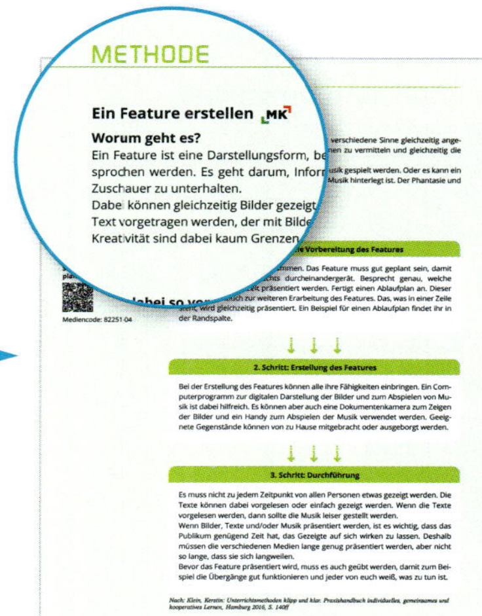

6 Die Doppelseite **Kompetenzcheck** schließt ein Großkapitel ab. Hier könnt ihr euch selbst überprüfen und zeigen, ob ihr die erlernten Kompetenzen in einer konkreten Situation sinnvoll anwenden könnt.

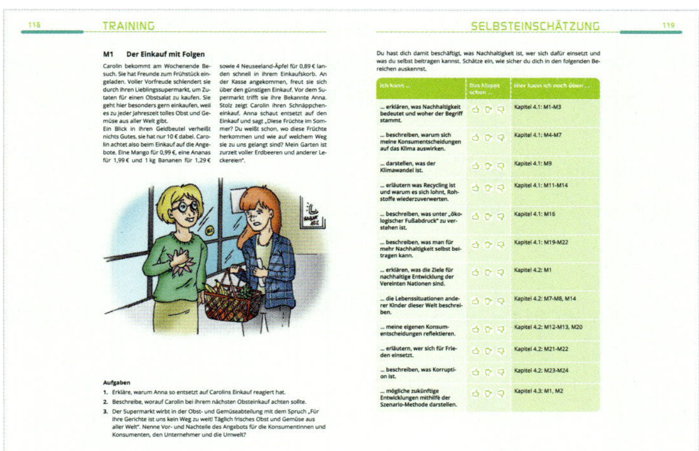

Allgemeine Hinweise

- Das **Methodenglossar** am Ende des Buches bietet euch wichtige Methoden, um die Aufgaben besser bearbeiten zu können.

QR- und Mediencodes in #Wirtschaft

Mediencode: 82251-01

- Das Schulbuch bietet für jedes Kapitel weitere **Zusatzkapitel**, die eine vertiefte Behandlung des jeweiligen Themenbereichs ermöglichen. Sie können auf der Verlagshomepage (www.ccbuchner.de) jederzeit kosten- und werbefrei abgerufen werden. Mithilfe von Mediencodes könnt ihr sie entweder direkt über das Scannen des QR-Codes mit einem Smartphone/Tablet oder durch die Eingabe des jeweiligen Mediencodes in das Suchfeld der Verlagshomepage beziehen. Über den nebenstehenden **QR-Code** können direkt **alle Zusatzkapitel**, sortiert nach Kapiteln und Fachgebieten, abgerufen werden.

Differenzierungs-materialien aller Kapitel zum Download

Mediencode: 82251-02

- Für das Schulbuch erstellte **Differenzierungsmaterialien** können über den nebenstehenden QR-/Mediencode ebenfalls kostenfrei bezogen werden. **Weitere Zusatzmaterialien** und **Erklärfilme** sind über QR-/Mediencodes auf den jeweiligen Seiten abrufbar.

Medienkompetenzen in #Wirtschaft

Mediencode: 82251-03

- Nordrhein-Westfalen hat einen sogenannten **Medienkompetenzrahmen (MKR)** erstellt. Das vorliegende Schulbuch setzt diesen Schritt für Schritt um. Das eigens entwickelte Icon **MK** zeigt euch an den entsprechenden Stellen im Schulbuch an, wo ihr Medienkompetenzen trainieren könnt. Der nebenstehende QR-Code listet alle Medienkompetenzen sortiert nach Seitenzahl auf.

- **Geschlechtergerechte Sprache:** Im Schulbuch werden in der Regel sowohl die weibliche als auch die männliche Form verwendet; wo immer möglich, werden Paarformulierungen wie *„Bürgerinnen und Bürger"* oder neutrale Formen wie *„Lehrkraft"* gebraucht.
  Ausnahmen davon bilden zum Beispiel
  - layouttechnische Gründe (Platzmangel),
  - bestimmte Funktionsbezeichnungen bzw. Begriffe mit Nähe zu formalen und juristischen Texten oder domänenspezifischen Fachbegriffen (z. B. *„Gläubiger"*, *„Schuldner"*, *„Käufer"*, *„Produzent"*, *„Hersteller"*, *„Dienstleister"*, *„Händler"* etc.),
  - Fremdtexte oder
  - die Beeinträchtigung der Lesbarkeit.

  Selbstverständlich sind auch in diesen Fällen Personen jeglichen Geschlechts gemeint.

- Materialien ohne Quellenangaben sind von den Bearbeiterinnen und Bearbeitern verfasst.

- Sofern bei Materialien aus dem Internet kein Verfasserdatum ermittelt werden konnte, wird das „Abrufdatum" genannt.

Inhalt

Service-Anhang

Übersicht: Gemeinsam aktiv

Übersicht: Methoden

1 Wirtschaft ist überall!

Egal ob in der Schule, zuhause oder in deiner Freizeit – mit Wirtschaft kommst du immer in Berührung, z. B. wenn

- du einen Ferienjob übernimmst und überlegst, ob du dein verdientes Geld sparen oder ausgeben sollst.
- du dir ein neues Paar Turnschuhe kaufst und feststellst, dass sie in Asien gefertigt werden und du dir Gedanken über die Arbeitsbedingungen dort machst.
- ihr in der Klasse debattiert, wofür das Geld in der Klassenkasse verwendet werden soll.
- du die aktuellen Nachrichten, z. B. zum Thema Steuererhöhungen, mit deinen Eltern am Abendbrottisch diskutierst.
- du dich ärgerst, weil das öffentliche Schwimmbad in deiner Stadt geschlossen wird.
- du dir Gedanken dazu machst, womit du später einmal Geld verdienen willst.
- ...

Aber was ist Wirtschaft genau? Und was gehört alles dazu?

M1 Alles Wirtschaft oder was?

Einkaufen im Supermarkt in Bochum

Eine Person bittet in Dortmund um Geld.

Das Wachstum der Wirtschaft auf einen Blick

Auf dem Wochenmarkt gibt es leckeres Gemüse und Obst.

Ein Sparschwein zum Geld sammeln

Verteilung von Ware in alle Himmelsrichtungen

Eine Mutter gibt ihrer Tochter Geld.

Eine Frau telefoniert im Auto.

Eine Bescheinigung der Industrie- und Handelskammer

Das Finanzamt verwaltet die Steuern.

Ein Handelsschiff wird beladen.

Ein Landwirt prüft seinen Anbau.

M2 Für mich ist Wirtschaft ...

1 Kluges Wirtschaften fängt für mich im Haushalt an. Es geht darum, einen Plan aufzustellen, um alle Einnahmen und Ausgaben im Griff zu haben. Schließlich wollen wir im Sommer auch wieder mit der ganzen Familie in den Urlaub fahren. Wesentlich hierfür sind mein Gehalt und das meiner Frau.

Carsten Buchwitz (37, Angestellter und Familienvater)

Weronika Hansen (40, Unternehmerin)

2 Wirtschaftliche Betriebe erstellen Güter bzw. bieten Dienstleistungen an. So entstehen auch Arbeitsplätze. Mein Unternehmen muss Gewinn erwirtschaften, um langfristig erfolgreich zu sein. Das nützt mir und meinen Angestellten. Internationale Kontakte sind für mich wichtig, schließlich verkaufen wir nicht nur in Deutschland.

3 Wenn ich etwas kaufe, achte ich auf das Preis-Leistungs-Verhältnis. Schließlich will ich eine wirtschaftlich kluge Entscheidung treffen, um nicht nur mir, sondern auch meinen Enkeln von meiner Rente etwas leisten zu können. Dabei sind mir auch Umweltaspekte wichtig – ich denke nämlich auch an übermorgen.

Friedrich Cipris (85, Großvater im Ruhestand)

Francis Bacon (englischer Philosoph, 1561-1626)

4 Wer gut wirtschaften will, sollte nur die Hälfte seiner Einnahmen ausgeben, wenn er reich werden will, sogar nur ein Drittel.

5 Wenn ich an Wirtschaft denke, fällt mir als Erstes mein Taschengeld ein, das viel zu niedrig ist. Nächstes Mal muss ich besser mit meinen Eltern verhandeln, um mir mehr Wünsche erfüllen zu können. Ich spare gerade für ein Smartphone.

Paul Demir (12, Schüler)

Sara Demir (48, Kommunalpolitikerin)

6 Auch eine Stadt hat einen Haushalt und muss klug wirtschaften. Wesentlich hierfür sind auch die Steuereinnahmen, von denen wir unser Zusammenleben finanzieren.

M3 Wirtschaft in Schlagzeilen

Corona-Krise: Betriebe zeigen Kurzarbeit an

EU und USA: *Neue Vereinbarungen rund um Strafzölle*

Schüler demonstrieren: Streit über CO_2-Steuer und Klimaschutz in Deutschland

Handelsstreit: Globalisierung in Gefahr

Digitale Transformation: Übernehmen Roboter unsere Arbeit?

Fachkräftemangel in der Pflege: Wer kümmert sich um Opa?

Kluft zwischen armen und reichen Familien gewachsen

Schneller als geplant: Rentenbeiträge steigen

Metallstücke in Röstzwiebeln - *Supermärkte rufen Artikel zurück*

Verschuldete Städte: Seit Jahren das Konto überzogen

Auskommen mit dem Einkommen: Löhne steigen zu langsam

Verlieren deutsche Topkonzerne Anschluss an die Weltspitze?

AUFGABEN

1. a) Entscheide dich für ein Bild aus **M1**, das du am ehesten mit Wirtschaft in Verbindung bringst.
b) Beschreibt euch in Kleingruppen gegenseitig, was man auf euren Bildern genau sieht.
c) Erkläre, warum das Bild für dich am ehesten wirtschaftliche Zusammenhänge zeigt.
d) Diskutiert, welche Bilder eurer Ansicht nach wenig mit Wirtschaft zu tun haben und begründet eure Meinung.

2. Analysiere die verschiedenen Zitate in **M2**: Welche Aspekte von Wirtschaft werden von wem und warum in den Vordergrund gestellt?

3. Ordne die Schlagzeilen aus **M3** den Themenfeldern des Wirtschaftsunterrichts „*Verbraucher*" und „*Erwerbstätige*", „*Staat*" und „*Unternehmen*" zu.

4. a) Recherchiert eigene Überschriften aus den aktuellen Nachrichten, die sich mit Wirtschaftsinhalten befassen und tragt sie in der Klasse zusammen.
b) Erläutert euch gegenseitig, welche aktuellen wirtschaftlichen Themen euch besonders interessieren bzw. nicht interessieren und warum.

5. Wie würdest du einem Außerirdischen den Begriff Wirtschaft erklären? Entwickle eine eigene Definition.

Ein Paar gebrauchte Sneaker

Ein Paar neue Sneaker

Was weißt du schon?

1. Entscheide dich: Welches Paar der oben abgebildeten Schuhe kaufst du?
2. Begründe, warum du dich so entschieden hast.
3. Vergleicht eure Begründungen zu zweit: Welche Gemeinsamkeiten und Unterschiede könnt ihr feststellen?

2

#Grundlagen des Wirtschaftens

Ein neues Smartphone, ein tolles Paar Sportschuhe oder zwischendurch einfach mal ein Eis. Einkaufen kann gleichzeitig ein Erlebnis, Lust oder auch Frust sein: Manchmal kannst du dir deine Wünsche ganz leicht erfüllen und einfach etwas kaufen. Oft kannst du es dir auch nicht einfach so leisten. Oder deine Käufe entsprechen dann doch nicht deinen Vorstellungen. Bei all den verschiedenen Angeboten den Überblick zu behalten, ist ohnehin nicht immer einfach. Du hast dich bestimmt oft schon gefragt, warum bestimmte Preise so hoch oder so niedrig sind.

Was lernst du in diesem Kapitel?

... zu erklären, was Bedürfnisse sind und wie sie sich unterscheiden lassen.

... darzustellen, was Angebot und Nachfrage sind und woher die verschiedenen Produkte kommen.

... zu beurteilen, wie du überlegt entscheiden kannst, wofür du dein Geld ausgibst und wie du dabei am meisten für dich herausholen kannst.

Einen Infoflyer „Von den Bedürfnissen bis zur Kaufentscheidung“ gestalten MK

Alle Menschen – und auch ihr – sind Teil der Wirtschaft. Ihr habt Wünsche, Interessen und Bedürfnisse, die sich in euren Entscheidungen und zum Teil auch in euren Einkäufen widerspiegeln.

Mithilfe des Kapitels könnt ihr den Weg von Bedürfnissen über Angebot und Nachfrage bis hin zur Kaufentscheidung verstehen und lernen, euer eigenes Handeln zu hinterfragen.

Um euer Wissen zu teilen, könnt ihr einen doppelseitigen Infoflyer mit allen wichtigen Fragen und Antworten inhaltlich erstellen und gestalten, der als Sonderbeilage in der nächsten Ausgabe eurer Schülerzeitung veröffentlicht wird. Gerne könnt ihr den Infoflyer auch mit einem Feature kombinieren, um beides als Präsentation zu nutzen.

Geht dabei so vor:

Start

1

Arbeitet zu zweit oder zu dritt. Entscheidet euch für die wesentlichen Aspekte, die ihr für eure Mitschülerinnen und Mitschüler auf dem Flyer aufbereiten wollt. Ihr habt dazu die Vorder- und Rückseite eines A4-Blattes zur Verfügung. Nicht vergessen solltet ihr unter anderem:

- was Bedürfnisse sind und wie sie sich unterscheiden lassen (Kapitel 2.1: M1-M4).
- was Angebot und Nachfrage sind (Kapitel 2.1: M5-M8).
- warum Produkte so vielfältig sind (Kapitel 2.1: M9-12).
- wie Entscheidungen getroffen werden (Kapitel 2.1: M12-M18).

2

Entscheidet anschließend, ob ihr auf eurem Flyer ein Thema besonders hervorheben möchtet.

3

Gestaltet euren Flyer in einem für eure Mitschülerinnen und Mitschüler ansprechenden Layout.

4 Präsentiert euren Flyer vor eurer Klasse.

Ziel

5 Beurteilt eure Ergebnisse anhand der gemeinsam festgelegten Kriterien.

Das A4-Blatt könnt ihr wie folgt nutzen:

Drei Spalten

Einklappseite	Rückseite	Titel
Was bedeutet Angebot, was Nachfrage?	Warum Angebote so vielfältig sind und wie wir Kaufentscheidungen treffen.	Von den Bedürfnissen zu Angebot und Nachfrage ...

Inhaltsseite	Inhaltsseite	Inhaltsseite
Was sind Wünsche?	Was sind Bedürfnisse und wie lassen sie sich ordnen?	Kann ich mir alles leisten, was ich will? ....

Zwei Spalten

Rückseite	Titelseite
Was bedeutet Angebot, was Nachfrage? .... Warum Angebote so vielfältig sind, und wie wir Kaufentscheidungen treffen.	Von den Bedürfnissen zu Angebot und Nachfrage ....

Inhaltseite	Inhaltseite
Was sind Wünsche?	Kann ich mir alles leisten, was ich will? ... Was sind Bedürfnisse und wie lassen sie sich ordnen? ...

2.1 Kann ich alles kaufen, was ich möchte?

Unendlich viele Bedürfnisse, aber begrenzte Mittel

Stelle dir vor, was du alles haben möchtest und was du dir kaufen würdest, wenn du doch nur genug Geld hättest. Schnell kommen noch einige Wünsche dazu. Leider kannst du dir nicht alle erfüllen. Und ganz schnell fragst du dich: Was wünsche ich mir? Was bräuchte ich davon wirklich zum Leben und was kann ich mir überhaupt leisten?

M1 Alle meine Wünsche und Bedürfnisse

M2 Traumvorstellung oder Notwendigkeit?

Mein Traum:	Das brauche ich:	Das brauche ich nicht:
• ...	• ...	• ...
• ...	• ...	• ...

M3 Woher kommen all meine Wünsche und Bedürfnisse?

Die neuen Sportschuhe ...	Gute Freunde ...	Trinken ...
... möchte ich haben, weil alle meine Freunde auch welche haben.	... möchte ich haben, um mich wohlzufühlen.	... muss ich einfach, weil ich durstig bin.

M4 Eine Ordnung für meine Wünsche

Abraham Maslow stellte fest, dass bestimmte Bedürfnisse bedeutsamer sind als andere. Zum Beispiel muss jeder Mensch unbedingt essen und trinken. Dies ist wichtiger als beispielsweise ein neues Paar Sportschuhe. Er ordnete alle Bedürfnisse in einem Modell an und begann mit den Grundlegendsten.

BEDÜRFNIS

Ein Bedürfnis ist das Empfinden eines Mangels durch einen Menschen. Es ist der Wunsch, diesen Mangel zu beheben.
Menschen können sehr viele Bedürfnisse und sehr viele unterschiedliche Bedürfnisse haben.

AUFGABEN

1. Was wünschst du dir?
   a) Benenne alle deine Wünsche (**M1**).
   b) Lassen sich deine Wünsche unterscheiden? Bewerte deine Wünsche entsprechend der Wichtigkeit für dich (**M2**).
   c) Vergleicht eure Bewertung der Wünsche zu zweit: Welche Gemeinsamkeiten und Unterschiede könnt ihr feststellen?

2. Erkläre, woher deine Wünsche und Bedürfnisse kommen (**M3**).

3. Ordne deine Wünsche und Bedürfnisse in das Modell ein (**M4**).
   a) Erläutere, welche deiner Wünsche sich auf Dinge beziehen, die du mit Geld erwerben kannst.
   b) Stellt euch vor, dass ihr nur begrenzte Mittel (Geld) zur Verfügung habt. Diskutiert in der Klasse, worauf ihr verzichten könntet und worauf auf keinen Fall.

Angebot und Nachfrage: Was bedeutet das?

Wenn du ein Bedürfnis hast, dann möchtest du, dass es erfüllt wird. Einige Bedürfnisse sind ohne Geld zu erfüllen, andere nicht. Wenn Geld mit ins Spiel kommt, dann kann ein Bedürfnis zu einer Nachfrage werden.

M5 Der vergessliche Jakob oder: Wie entsteht Nachfrage?

Jakob ist nach dem Sportunterricht sehr durstig. Er hat das dringende Bedürfnis, etwas zu trinken. Leider hat er seine Trinkflasche zu Hause liegen gelassen. Deshalb fragt er seinen besten Freund Hassan, ob er ihm etwas aus seiner Trinkflasche abgibt. Doch Hassan war selbst so durstig, dass er seine Flasche schon geleert hat. Jakob überlegt, sich am Schulkiosk etwas zu trinken zu kaufen. Zum Glück hat er wenigstens seinen Geldbeutel nicht vergessen. Jakob entscheidet sich dafür, den Rest seines Taschengeldes für eine Flasche Wasser in der Cafeteria auszugeben.
Durch sein Geld und die Entscheidung, es einzusetzen, entsteht eine Nachfrage.

M6 Vom Bedürfnis zur Nachfrage

Ein Bedürfnis wird erst dann zum Bedarf, wenn genug Geld vorhanden ist. Wird dann noch eine Entscheidung zum Kauf getroffen, entsteht Nachfrage.

M7 Die Qual der Wahl: Das Angebot

Am Nachmittag wird Jakob von seiner Mutter zum Einkaufen in den Supermarkt geschickt. Er soll einen Liter Milch und ein Brot kaufen. Den Rest des Geldes darf er behalten. Im Supermarkt angekommen, sucht er zuerst die Milch und das Brot. Er rechnet den Betrag zusammen und bekommt heraus, dass er noch 1,50 Euro übrig hat, wenn er beides bezahlt. Dann geht er zu dem Regal mit den Süßigkeiten. Es gibt eine große Auswahl, viel mehr als in der Schulcafeteria. Einige der Süßigkeiten sind teuer, andere sind günstig. Es gibt sie in großen und in kleinen Tüten. Das Angebot ist groß.

M8 Gut Wirtschaften

Jakob beschließt, sich nur einen kleinen Schokoriegel zu kaufen. Dann hat er noch Geld übrig, das er in seine Spardose werfen kann. Er hat mit dem Geld, das ihm zur Verfügung stand, gut gewirtschaftet.

Wirtschaften
Wirtschaften bedeutet, dass die Mittel, die einem zur Verfügung stehen, planvoll eingesetzt werden.

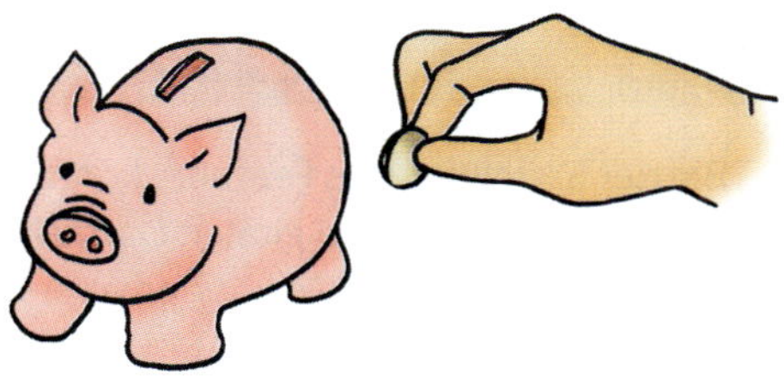

AUFGABEN

1. a) Beschreibe Jakobs Problem in **M5**.
   b) Erkläre, wie aus einem Bedürfnis eine Nachfrage wird.
2. a) Beschreibe die Abbildung **M6** mit deinen eigenen Worten.
   b) Arbeite den Unterschied zwischen Bedürfnis, Bedarf und Nachfrage heraus.
3. Im Süßigkeitenregal gibt es ein großes Angebot (**M7**). Wovon hängt es ab, wie vielfältig ein Angebot ist? Notiere zuerst selbst mögliche Gründe und diskutiert dann zu zweit.
4. Überlege dir Situationen, in denen du selbst schon gut oder weniger gut gewirtschaftet hast (**M8**). Erörtere die Gründe dafür.
5. Wie kommt es vom Bedürfnis zur Nachfrage? Erstellt zu zweit ein Feature mithilfe der nachfolgenden Methodenkarte.

H zu Aufgabe 3
Zum Beispiel mag dein Freund lieber Lakritze als Schokolade. Du magst lieber Schokolade. Wie würde ein Supermarkt sich darauf einstellen?

Ein Feature erstellen MK

Worum geht es?

Ein Feature ist eine Darstellungsform, bei der verschiedene Sinne gleichzeitig angesprochen werden. Es geht darum, Informationen zu vermitteln und gleichzeitig die Zuschauer zu unterhalten.
Dabei können gleichzeitig Bilder gezeigt und Musik gespielt werden. Oder es kann ein Text vorgetragen werden, der mit Bildern und Musik hinterlegt ist. Der Phantasie und Kreativität sind dabei kaum Grenzen gesetzt.

So könnte euer Ablaufplan aussehen

Mediencode: 82251-04

Geht dabei so vor:

1. Schritt: Inhaltliche Vorbereitung des Features

Kommt in Kleingruppen zusammen. Das Feature muss gut geplant sein, damit bei der Präsentation nichts durcheinandergerät. Besprecht genau, welche Medien zu welcher Zeit präsentiert werden. Fertigt einen Ablaufplan an. Dieser dient als Drehbuch zur weiteren Erarbeitung des Features. Das, was in einer Zeile steht, wird gleichzeitig präsentiert. Ein Beispiel für einen Ablaufplan findet ihr in der Randspalte.

2. Schritt: Erstellung des Features

Bei der Erstellung des Features können alle ihre Fähigkeiten einbringen. Ein Computerprogramm zur digitalen Darstellung der Bilder und zum Abspielen von Musik ist dabei hilfreich. Es können aber auch eine Dokumentenkamera zum Zeigen der Bilder und ein Handy zum Abspielen der Musik verwendet werden. Geeignete Gegenstände können von zu Hause mitgebracht oder ausgeborgt werden.

3. Schritt: Durchführung

Es muss nicht zu jedem Zeitpunkt von allen Personen etwas gezeigt werden. Die Texte können dabei vorgelesen oder einfach gezeigt werden. Wenn die Texte vorgelesen werden, dann sollte die Musik leiser gestellt werden.
Wenn Bilder, Texte und/oder Musik präsentiert werden, ist es wichtig, dass das Publikum genügend Zeit hat, das Gezeigte auf sich wirken zu lassen. Deshalb müssen die verschiedenen Medien lange genug präsentiert werden, aber nicht so lange, dass sie sich langweilen.
Bevor das Feature präsentiert wird, muss es auch geübt werden, damit zum Beispiel die Übergänge gut funktionieren und jeder von euch weiß, was zu tun ist.

Nach: Klein, Kerstin: Unterrichtsmethoden klipp und klar. Praxishandbuch individuelles, gemeinsames und kooperatives Lernen, Hamburg 2016, S. 140ff

Jeden Tag etwas Neues: Wie entsteht Produktvielfalt?

Du hast gut überlegt und dich jetzt festgelegt. Diesen Monat müssen es neue Sportschuhe sein, für die du dein Geld ausgibst. Doch für welches Paar sollst du dich entscheiden? Und fast jeden Tag kommt ein neues Modell auf den Markt, das dir gefallen könnte. Schnell stellst du fest, dass die Entscheidung gar nicht so leichtfällt, wie gedacht und du fragst dich, woher dieses breite Angebot kommt.

M9 Wie reagieren Verkäufer auf die Bedürfnisse ihrer Kunden?

Produkte entstehen nicht von selbst. Sie werden hergestellt und von Unternehmen angeboten, weil sie Geld verdienen müssen. Dazu reagieren sie auf Bedürfnisse von Käufern, indem sie versuchen ihnen ein passendes Angebot zu machen. Sie versuchen auch, mit ihren Angeboten neue Bedürfnisse bei Kunden entstehen zu lassen. Am Beispiel der Sportschuhe bedeutet es, dass viele Unternehmen immer wieder neue Schuhe produzieren, um dich zum Kauf ihrer Modelle anzuregen und so dein Geld zu erhalten. Das Ergebnis ist eine Vielzahl verschiedener Sportschuhe (Produktvielfalt).

Ein Geschäft in Bochum bietet eine große Schuhauswahl an.

M10 Gehen Unternehmen auf alle Wünsche von Kundinnen und Kunden ein?

Nur einen Teil deiner vielen Bedürfnisse kannst du dir mithilfe deines knappen Geldes erfüllen, indem du es gegen bestimmte Produkte von Unternehmen tauschst. Daher ist Geld zu verdienen auch für Unternehmen nicht einfach: Einerseits müssen ihre Angebote den Bedürfnissen der Nachfrager gerecht werden. Sonst gehen Käufer zu anderen Unternehmen, die ihnen bessere Angebote machen (Konkurrenz). Andererseits können Unternehmen auch nur die Produkte entwickeln und anbieten, von denen sie annehmen, dass sich auch Geld damit verdienen lässt.

M11 Unternehmensziele: höher, schneller, weiter?

Was es nicht gibt, kann erfunden werden; was es schon gibt, kann besser gemacht werden.

Nach diesem Grundsatz arbeiten Unternehmerinnen und Unternehmer, um ihren Kundinnen und Kunden immer wieder etwas Neues anzubieten. Hier gibt es unterschiedliche Möglichkeiten, z. B. ein neues Design oder eine Verbesserung der Eigenschaften. Diese Entwicklung wird auch als Fortschritt bezeichnet und führt zu immer neuen Produkten, die ältere Produkte oft verdrängen. Daraus ergibt sich für viele Produkte der so genannte Produktlebenszyklus.

M12 Das Leben eines Produktes

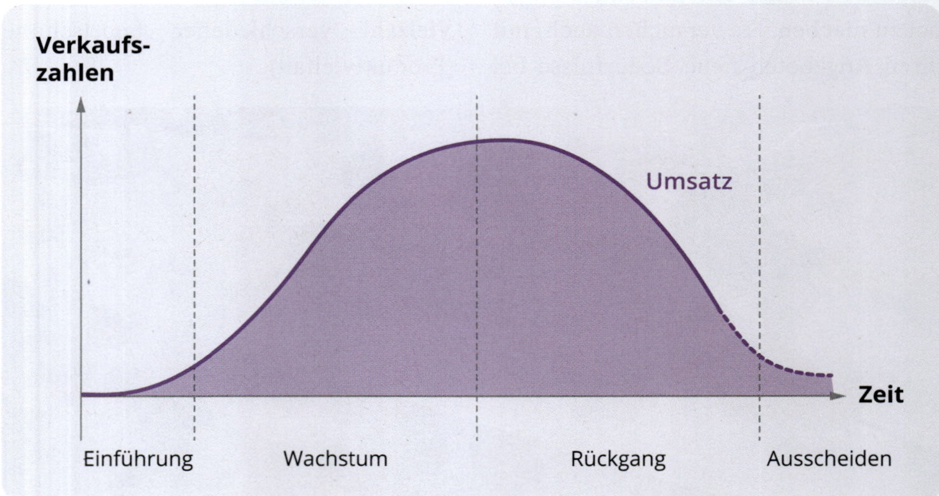

AUFGABEN

1. Beschreibe in Stichworten, wie die Verkäufer auf die Bedürfnisse ihrer Kunden eingehen (**M9**).
2. Begründe mit eigenen Worten, warum Unternehmen nicht auf alle Bedürfnisse ihrer Kundschaft eingehen können (**M10**).
3. Stelle dar, welche Möglichkeiten Unternehmen haben, immer wieder neue Produkte anzubieten (**M11**).
4. Wie wirkt sich der Zyklus auf die Produktvielfalt aus? Erörtere die Abbildung des Produktlebenszyklus (**M12**).

Welche Wünsche hast du?

Du kennst das bestimmt: Ein Spielzeug von früher, z. B. dein Lieblingsteddy, ist dir sehr viel wert. Du würdest ihn nie auf dem Flohmarkt verkaufen, auch wenn du nicht mehr wirklich mit ihm spielst. Vermutlich würdest du auch nur wenig oder kein Geld für ihn bekommen, denn jemand anderes könnte mit deinem alten Teddy nicht mehr viel anfangen.

M13 Entscheidungen treffen

Nura hat zum Geburtstag Geld von ihrer Oma geschenkt bekommen. Sie überlegt nun, ob sie sich von dem Geld lieber ein neues Buch kaufen oder einen großen Eisbecher leisten will. In der Schulpause unterhält sie sich darüber mit ihrer Freundin Lisa und überlegt:

Nura

Lisa

M14 Wie viel ist mir etwas wert und welchen Nutzen hat es?

Als Nura nach der Schule zur Buchhandlung geht, stellt sie fest, dass das Buch doch teurer ist, als sie dachte. Wenn sie es sich kauft, dann hätte sie gar kein Geld mehr übrig. „Das ist es mir dann doch nicht wert", denkt sie sich. Sie beschließt, stattdessen ein anderes, günstigeres Buch zu kaufen.

Lisa bekommt heute ihr Taschengeld. Nach dem Gespräch mit Nura hat sie richtig Lust auf ein Eis bekommen. Am Nachmittag kauft sie sich zwei Kugeln Eis. Weil es so lecker ist, kauft sie sich direkt danach noch eine dritte Kugel. Die dritte Kugel war dann doch zu viel. Denn jetzt hat sie Bauchschmerzen. Das Geld für die letzte Eiskugel, hätte sie lieber sparen sollen.

M15 Wenn der Nutzen weniger wird

AUFGABEN

1. a) Nenne Beispiele aus deinem Leben, in denen Dinge für dich einen anderen Nutzen haben als für andere Menschen (**M13**).
b) Begründe, warum diese Dinge einen anderen Nutzen für dich haben als für andere.

2. a) Erkläre die Begriffe *„Nutzen"* und *„Wert"* mit deinen eigenen Worten (**M14**).
b) Arbeite den Zusammenhang zwischen beiden heraus (**M14**).

3. a) Erläutert euch gegenseitig die Abbildung **M15**.
b) Nennt weitere Beispiele, bei denen euer Nutzen ab einer bestimmten Menge abnimmt.

F **Aufgabe 3**
Entwickelt auf Basis eines eurer Beispiele ein Schema (wie **M6**), welches diesen Zusammenhang ausführlich abbildet.

Wie kann ich das Beste für mich herausholen?

Auch wenn man nicht alle Wünsche mit Geld erfüllen kann, reicht das eigene Geld oft nicht, um sich alle Wünsche zu erfüllen. Zudem möchte man für sein Geld auch das Beste für sich herausholen. Jeder Mensch sollte also geschickt entscheiden und dabei Aufwand und Nutzen abwägen. Du handelst dann nach dem ökonomischen Prinzip.

M16 Nina muss sich entscheiden

Nina hat sich zum Baden im Schwimmbad verabredet. Es liegt etwas außerhalb der Stadt und sie könnte mit dem Bus fahren. Das würde hin und zurück 3 Euro kosten. Sie könnte aber auch mit dem Fahrrad fahren und das Geld sparen, wäre dann aber eine halbe Stunde später da. Der Eintritt ins Schwimmbad kostet auch noch 3 Euro …

M17 Zwei Handlungsmöglichkeiten, um Ziele besser zu erreichen

Minimalprinzip

Ich möchte genau diese Limo kaufen und möglichst wenig dafür bezahlen.

Maximalprinzip

Ich habe zwei Euro und möchte möglichst viel Limo dafür kaufen.

MAXIMALPRINZIP UND MINIMALPRINZIP

Du kannst du nach dem Maximal- oder Minimalprinzip handeln, um sinnvoll zu wirtschaften.
Entweder setzt du deine Mittel so ein, dass du dir möglichst viele Wünsche erfüllen kannst **(Maximalprinzip)**. Oder du suchst dir ein bestimmtes Produkt aus und versuchst, dafür das billigste Angebot zu finden **(Minimalprinzip)**.

M18 Nach welchem Prinzip wird gehandelt?

Situation 1	Deine Eltern haben dir erlaubt, gemeinsam mit ihnen ein Smartphone zu kaufen und stellen dir 200 Euro zur Verfügung. Wie gehst du vor?	
Situation 2	Deine Lieblingsschuhe sind gerade in vielen Läden verfügbar. Du möchtest sie unbedingt kaufen. Wie gehst du vor?	
Situation 3	Du hast 5 Euro im Portmonee und möchtest dir nach dem Sport etwas zu trinken kaufen. Die Cafeteria ist gleich nebenan, dafür ist es dort teuer. Ein Supermarkt ist 10 Minuten entfernt, dafür ist es sehr günstig. Was machst du?	

AUFGABEN

1. a) Beschreibe, wie du an Ninas Stelle vorgehen würdest, um die Ausgaben für den Ausflug ins Schwimmbad zu planen (**M16**).
   b) Diskutiert eure Strategien anschließend in der Klasse.
2. Erkläre mit eigenen Worten, was unter dem Minimal- und dem Maximalprinzip des Wirtschaftens zu verstehen ist (**M17**).
3. a) Begründe, wie du in den einzelnen Situationen in **M18** vorgehen würdest.
   b) Stellt die Gründe in der Klasse vor und diskutiert anschließend Unterschiede.
4. Erkläre, welche der beiden Handlungsmöglichkeiten des ökonomischen Prinzips du jeweils anwenden würdest (**M18**).

H **Aufgabe 4**
Wenn du nach dem ökonomischen Prinzip handelst, wägst du Aufwand und Nutzen ab (ökonomisches Prinzip).

KANN ICH ALLES KAUFEN, WAS ICH MÖCHTE?

BEDÜRFNISSE UND WÜNSCHE

← M1-M4

Jeder von uns hat Wünsche und Bedürfnisse. Diese lassen sich nach ihrer Bedeutung ordnen, die sie für uns haben. Zum Beispiel gibt es grundlegende Bedürfnisse, ohne deren Befriedigung wir nicht leben könnten, wie Essen oder Schlafen. Freunde zu haben und von der Familie geliebt zu werden, sind soziale Bedürfnisse. Nicht alle Wünsche und Bedürfnisse lassen sich mit Geld erfüllen, aber einige schon.

ANGEBOT UND NACHFRAGE

← M5-M8

Oft werden von Anbietern sehr viele Dinge bereitgestellt, die einen Kaufwunsch oder eine Bedürfnisbefriedigung auslösen sollen (Angebot). Wenn beim Interessenten genug Geld vorhanden ist, um einen Wunsch zu erfüllen und eine Kaufentscheidung getroffen wird, entsteht Nachfrage. Die Mittel, die dazu zur Verfügung stehen, sind jedoch meist knapp. Wirtschaften bedeutet dann, dass die Mittel, die zur Verfügung stehen, planvoll eingesetzt werden.

PRODUKTVIELFALT UND PRODUKTENTWICKLUNG

← M9-M12

Produkte entstehen nicht von selbst. Sie werden von Unternehmen entwickelt und angeboten, um Geld zu verdienen. Mit neuen Produkten und unterschiedlichen Produkten versuchen sie möglichst passende Angebote zu machen, die auf die Käufer abgestimmt sind. Dabei sind nur wenige Produkte dauerhaft und unverändert erfolgreich. Viele Produkte veralten schnell und werden durch neue Angebote ausgetauscht.

KAUFENTSCHEIDUNGEN PLANVOLL TREFFEN UND DAS BESTE FÜR SICH HERAUSHOLEN

← M13-M18

Dinge haben für jede Person einen anderen Nutzen. Entsprechend unterscheidet sich der Wert, den Personen einem Produkt beimessen, mitunter stark. Dabei gilt, dass Dinge, denen wir einen hohen Nutzen zusprechen, auch einen hohen Wert für uns haben. Die zur Verfügung stehenden Mittel sind knapp. Es müssen Entscheidungen so getroffen werden, dass die eigenen Ziele möglichst gut erreicht werden können.

M1 Wir planen eine Klassenparty

Party im Klassenzimmer

Deine Klasse plant eine Party, um den Abschluss des Schuljahres zu feiern. Ihr habt euch darauf verständigt, dass jede und jeder von euch 5 Euro dazugibt. Ihr wollt unbedingt Essen und Trinken und gerne noch etwas zusammen unternehmen. Schnell stellt ihr fest, dass das Geld nicht reichen wird. Was nun?

Aufgaben

1. Notiert zusammen an der Tafel, welche Wünsche ihr bei der Planung einer Party berücksichtigen möchtet (**M1**).
2. Ordnet diese nach ihrer Wichtigkeit und stimmt bei Bedarf ab.
3. Recherchiert Preise für eure Wünsche und notiert diese ebenfalls an der Tafel. MK
4. Überlegt, was von euren Vorstellungen umsetzbar ist und entwickelt gemeinsam ein Konzept für die Party.

H **Aufgabe 3**
Die Methodenkarte zur Internetrecherche hilft dir:

Mediencode: 82251-05

SELBSTEINSCHÄTZUNG

Im Laufe des vorangegangenen Kapitels hast du dich mit den Grundlagen des Wirtschaftens auseinandergesetzt. Schätze ein, wie sicher du dich in den folgenden Bereichen auskennst.

Ich kann ...	Das klappt schon ...	Hier kann ich noch üben ...
... erklären, was Bedürfnisse sind und wie sie sich unterscheiden lassen.		Kapitel 2.1: M1-M4
... erläutern, was Angebot und Nachfrage sind.		Kapitel 2.1: M5-M8
... begründen, woher so viele verschiedene Produkte kommen.		Kapitel 2.1: M9-M12
... Faktoren nennen, die meine Kaufentscheidung beeinflussen.		Kapitel 2.1: M13-M15
... darstellen, wie ich meine knappen Mittel sinnvoll einsetze.		Kapitel 2.1: M16-M18

Was weißt du schon?

1. Entscheide dich: Welche Schokolade kaufst du?
2. Begründe deine Kaufentscheidung.
3. Vergleiche deine Begründung mit der eines Partners oder einer Partnerin.

3

#Kinder und Jugendliche als Verbraucherinnen und Verbraucher

Eine Schokolade beim Kiosk, ein T-Shirt im Sommer, ein neues Smartphone oder Kosmetik: „Shoppen gehen" kann gleichzeitig Erlebnis, Lust aber auch Frust sein. Vielleicht macht es dir Spaß, dich auf die Jagd nach dem besten Angebot zu machen. Aber woher kommt das Geld, mit dem du einkaufst?
Du darfst auch nicht immer selbst entscheiden, was du kaufen möchtest. Und überhaupt: Wie sollst du dich orientieren, warum ist dein Wunschprodukt so teuer oder so günstig? Wer oder was hat eigentlich Einfluss darauf, was du am Ende kaufst?

Was lernst du in diesem Kapitel?

- ... zu erklären, wie du Kaufentscheidungen triffst.
- ... darzustellen, wie dein Konsumverhalten von Werbung und anderen beeinflusst wird.
- ... zu erläutern, woher das Geld in der Familie stammt und welche Funktionen es hat.
- ... darzustellen, wie ein Haushaltsplan erstellt wird.
- ... zu erklären, wie Schulden entstehen und wie sie vermieden werden können.
- ... die gesetzlichen Rahmenbedingungen von Käufen zu überprüfen, ob du alles kaufen darfst, was du möchtest.
- ... zu beurteilen, welche Unterschiede zwischen Einkäufen im Laden vor Ort und im Online-Shop bestehen.
- ... zu beschreiben, welche Rechte und Pflichten du als Verbraucherin oder Verbraucher hast.

Eine clevere Verbrauchertüte gestalten

Auch als Kinder und Jugendliche seid ihr als Verbraucherinnen und Verbraucher an „der Wirtschaft" beteiligt. Dabei steht ihr immer wieder vor Entscheidungen. Welches Produkt soll ich mir kaufen, das teure oder das günstige? Wo liegen die Unterschiede? Darf ich alles kaufen, was ich möchte? Auf eure Entscheidung wird aber auch Einfluss von außen genommen, z. B. durch Werbung. Wie funktioniert Werbung eigentlich? Mithilfe dieses Kapitels könnt ihr eine Einkaufstüte mit allen wichtigen Fragen und Antworten gestalten, die euch dabei unterstützt clevere Verbraucherinnen und Verbraucher zu werden.

Geht dabei so vor:

Start

1

Arbeitet in Kleingruppen mit bis zu 4 Schülerinnen und Schülern.

2

Entscheidet euch zunächst für die wesentlichen Themen, die ihr wichtig findet, um clevere Verbraucherinnen und Verbraucher zu werden. Nicht vergessen solltet ihr u. a.:

- wie ihr eine gute Kaufentscheidung trefft (Kapitel 3.1: M1-M4).
- wie Werbung euer Kaufverhalten beeinflusst (Kapitel 3.1: M5-M8).
- woher das Geld eurer Familien stammt (Kapitel 3.2: M1-M3).
- wie ihr einen Haushaltsplan erstellt (Kapitel 3.2: M7-M9).
- wie Schulden entstehen und wie ihr sie vermeiden könnt (Kapitel 3.2: M13-M17).
- ab wann ihr wie geschäftsfähig seid (Kapitel 3.3: M1-M2).
- welche Rechte und Pflichten ihr beim Kauf habt (Kapitel 3.3: M3-M5).
- was der Unterschied zwischen Garantie und Gewährleistung ist (Kapitel 3.3: M6).
- wie ihr etwas umtauscht (Kapitel 3.3: M7).

Ihr könnt diese Themen unter euch aufteilen.

3

Was ihr benötigt:

- eine stabile Einkaufstüte (z. B. aus Papier),
- Bastelmaterial zum Gestalten der Texte,
- ein Werbeposter/-Plakat oder einen großen Ausdruck von einem Werbeplakat aus dem Internet.

Die ersten Schritte zum überlegten Kauf.

4

Erstellt Übersichten mit den wichtigsten Informationen (aus Schritt 2) zu den jeweiligen Themen. Nutzt vor allem Stichpunkte und versucht diese in eigene Worte zu fassen.

Ein Werbeplakat analysiert

5

Ergänzt eure Texte durch Grafiken, Übersichten oder Bilder, die euch dabei helfen den Inhalt der Themen besser zu verstehen. Bilder und Grafiken können auch als Blickfang dienen. Ihr könnt selbst zum Stift greifen, oder ihr benutzt das Internet, den Computer und den Drucker.

6

Überlegt euch, welches Thema aus Schritt 2 zu welchem Produkt passt, oder besser auf der Einkaufstüte platziert wird.
Vorschlag:

Kaufentscheidung treffen
- z. B.: Was ist beim Kauf eines Produktes für euch besonders wichtig?

Mit Geld richtig umgehen
- z. B.: Wie erstellt ihr einen Haushaltsplan, und wie vermeidet ihr Schulden?

Einkaufstüte
- z. B.: Wie tauscht ihr etwas um?

Haushaltsplan/Monat Juni:
Was nimmst du ein, was gibst du aus?

	Einnahmen	Ausgaben
Taschengeld	…	…
Süßigkeiten	…	…
Zeitschrift	…	…
Armband	…	…
…	…	…
Summe:		
Was übrig bleibt:		

7

Legt die Tüten vor euch hin. Klebt eure Auswahl an Informationstexten, Grafiken und Übersichten auf die Einkaufstüte. Nutzt Falttechniken, um eure Informationen anschaulich und übersichtlich zu präsentieren.

Garantie und Gewährleistung

8

Betrachtet euer Werbeplakat und prüft, wie diese Werbung versucht, euer Kaufverhalten zu beeinflussen. Ergänzt das Werbeplakat und gestaltet es mit den für euch wichtigen Informationen aus Schritt 2.

Ein regionales Produkt – wichtig für die Kaufentscheidung?

Ziel

9

Präsentiert der Klasse eure clevere Verbrauchertüte in einem Galeriespaziergang.
Euer Werbeplakat bringt ihr neben der Tüte an oder legt es hinein.

Präsentation in einem Galeriespaziergang

Worum geht es?

So könnt ihr aus eurer Schule eine Galerie machen: Einzelne von euch oder Gruppen stellen Ergebnisse aus, die sie zuvor in einer Arbeitsphase erarbeitet haben. Die anderen haben die Möglichkeit, einen „Galeriespaziergang" zu unternehmen. Dabei könnt ihr an den ausgestellten Ergebnissen vorbeispazieren, die Ergebnisse betrachten und vielleicht auch Fragen dazu stellen.

Geht dabei so vor:

1. Schritt: Vorbereitung

- Nummeriert eure Verbrauchertüte, damit ihr sie in der Auswertungsphase gut auseinanderhalten könnt.
- Wählt dazu einen Gruppensprecher, der in der Nähe von eurer Verbrauchertüte steht und sie bei Bedarf erklären kann. Wechselt euch zwischendurch ab, damit jeder auch die anderen Ergebnisse anschauen kann.
- Verabredet eine Zeit, z. B. 20 Minuten, die ihr für euren Galeriespaziergang nutzen wollt. Haltet diese verabredete Zeit unbedingt ein, damit ihr anschließend gemeinsam ein Auswertungsgespräch führen könnt.

2. Schritt: Eindrücke notieren

- Damit ihr im Anschluss an euren Galeriespaziergang nicht alles vergessen habt, ist es sinnvoll, sich ein paar Notizen zu machen (siehe Tabelle in der Randspalte).
- Ihr könnt weitere Kriterien ergänzen.

3. Schritt: Verbrauchertüten ausstellen

Hängt nun eure Verbrauchertüten im Klassenzimmer oder zum Beispiel im Flur eurer Schule aus. Ihr solltet den Platz so wählen, dass er frei zugänglich ist, d. h. jeder sollte sich problemlos davorstellen und die Tüten betrachten können. Der Galeriespaziergang kann beginnen.

4. Schritt: Verbrauchertüten beurteilen

Nun könnt ihr auf der Basis der eigenen Notizen entscheiden, welche Verbrauchertüte(n) in Bezug auf die Aufgabenstellung besonders gut gelungen ist bzw. sind. Bedenkt, dass einem Urteil immer eine sachliche Begründung zugrunde liegen sollte.

3.1 Viele Einflüsse auf die Kaufentscheidung

Bestimme ich allein, was ich kaufe?

In der Schule angekommen, merkst du, dass du dein Frühstück vergessen hast. Hungrig gehst du in der großen Pause zum Schulkiosk. Du hättest gerne ein Brötchen und etwas zu Trinken. Der Müsliriegel sieht auch lecker aus, du nimmst ihn dazu. Erschrocken schaust du auf die Kasse. Wieso hast du nur so viel gekauft?

M1 Über Kaufentscheidungen nachdenken

M2 Wie du deine Kaufentscheidung triffst

Ob in der Schulcafeteria, im Supermarkt oder beim Bäcker, täglich triffst du viele Kaufentscheidungen. Diese können in verschiedene Arten eingeteilt werden: Wohlüberlegte, meist teure Käufe bezeichnet man als echte Kaufentscheidungen. Ist ein Einkauf durch bestimmte Dinge (Menge, Auswahl ...) beeinflusst, spricht man von eingeschränkten Kaufentscheidungen. Schnelle Einkäufe, über die wenig nachgedacht wird und bei denen der Preis der Ware meist eher gering ist, werden als spontane Kaufentscheidungen bezeichnet. Greift ein Kunde oder eine Kundin aus Gewohnheit immer zum gleichen Produkt, spricht man von gewohnheitsmäßigen Kaufentscheidungen.

M3 An der Kasse im Supermarkt – zum Schluss noch etwas Süßes?

M4 Die Verführung lauert überall: Tipps für deinen Einkauf

- ✓ Plane deinen Einkauf. Schreibe einen Einkaufszettel, er erinnert dich an das, was du wirklich benötigst. Du kannst diesen natürlich auch im Smartphone notieren.
- ✓ Geh nicht hungrig einkaufen, denn hungrig kaufen die meisten Menschen mehr.
- ✓ Lass dir Zeit für Entscheidungen! Botschaften wie „Nur für kurze Zeit" oder „Nur heute!" sollen dich zum Sofortkauf verleiten.
- ✓ Hinterfrage Geschenke wie Sammelkarten oder Gratisprodukte. Sie sollen dafür sorgen, dass du möglichst viel einkaufst oder ganz bestimmte Produkte kaufst.
- ✓ Bleibe stark in der Quengelzone! Die schnell gegriffenen Produkte dort sind in der Regel viel teurer, weil z. B. Süßwaren wie Schokoriegel einzeln angeboten werden.

Quengelzone
Bereich rund um die Kassen im Supermarkt (siehe #Quengelzone auf Seite 41)

AUFGABEN

1. a) Betrachte die Bilder in **M1** und beschreibe, wie du deine Kaufentscheidung vorbereiten würdest.
b) Vergleicht eure Vorgehensweisen anschließend in der Klasse: Welche Gemeinsamkeiten und Unterschiede könnt ihr feststellen?

2. a) Erarbeite dir die verschiedenen Arten von Kaufentscheidungen in **M2** und ordne sie den Abbildungen in **M1** zu.
b) Findet zu zweit weitere Beispiele für alle Arten von Kaufentscheidungen aus eurem Alltag und notiert diese in eurem Heft.

3. Betrachte die Supermarktkasse (**M3**).
a) Nenne typische Produkte, die an Kassen für Kinder und für Erwachsene zu finden sind.
b) Analysiert zu zweit, den Zweck dieser Produkte an der Kasse.

4. Erarbeite drei weitere Tipps, die dazu beitragen, unnötige Einkäufe zu verhindern (**M4**).

Wie beeinflusst Werbung mein Kaufverhalten?

Bestimmt kennst auch du die Situation: Gerade schaust du einen spannenden Spielfilm im Fernsehen an und dann plötzlich – Werbung! Gefühlt immer im unpassendsten Moment und immer die gleichen Werbesprüche und Lieder. Wie nervige Ohrwürmer nagen sie sich in deinem Kopf fest. Aber erreichen die Unternehmen damit auch ihr Ziel, dich zum Kauf der Produkte zu bewegen?

Marketingmaßnahmen
Dazu gehören z. B. Werbung, Preis- und Produktgestaltung.

M5 Hypnotisches Marketing

Idee nach: mainblick Marketing & Mediengestaltung 2017

M6 So ist Werbung erfolgreich

Ob im Radio, Fernseher, Supermarkt oder als Werbebanner auf deinem Smartphone, Werbung möchte dich an vielen Orten zu einem Kauf verleiten. Dazu werden Werbebotschaften so formuliert, dass du dir denkst „Dieses Produkt muss ich haben!". Eine weitere Strategie ist, bestimmte Produkte so zu platzieren, dass diese genau auf deiner Augenhöhe sind und du nur noch bequem zugreifen musst, wie z. B. in der Quengelzone. Werbung ist also dann erfolgreich, wenn du positiv auf diese reagierst und dein Kaufwunsch verstärkt wird.

M7 Bist du überzeugt?

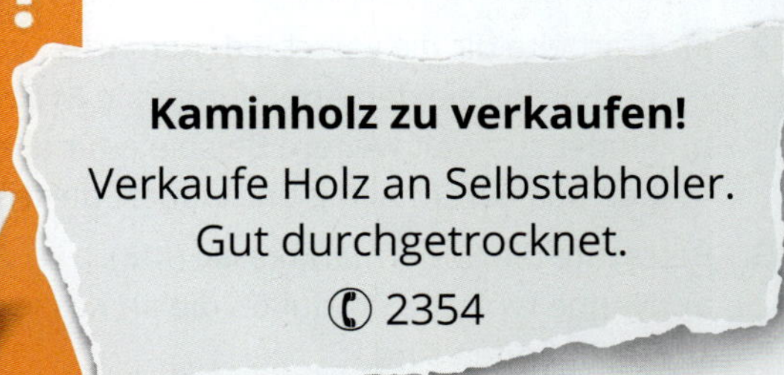

QUENGELZONE

Als Quengelzone wird der Bereich rund um die Kassen im Supermarkt bezeichnet.
Dort werden z. B. Süßwaren oder Spielzeuge in kleinen Verpackungsgrößen angeboten, die vor allem Kinder ansprechen sollen, während sie mit den Eltern an der Kasse warten. Wenn die Eltern ihren Kindern die oft viel teureren Produkte nicht kaufen, kann es zu Quengeleien kommen. Supermarktbetreiber setzen darauf, dass die Eltern nachgeben, um Streitigkeiten zu vermeiden.

M8 Die Sprache der Werbung

Sprache der Werbung

ist einprägsam, witzig	macht persönlich betroffen	ist schnell auffassbar
durch:	durch:	durch:
Reime	Ausrufe	Einfachheit
Slogans	Befehle	Verkürzung
Wortspiele	Aufforderungen	Auslassungen
Wortneubildungen	Behauptungen	Verständlichkeit
	persönliche Anreden	Eingängigkeit
	Fragestellungen	

bleibt im Gedächtnis, steuert unbewusst

Nach: Stanglmeier, Gisela: Informationen und Materialien zum Thema Werbung, medieninfo bayern, www.mebis.bayern.de, Juni 2011

AUFGABEN

1. Interpretiere die Karikatur (Zeichnung) (**M5**). Nimm Stellung: Bist du der gleichen Meinung wie der Autor?
2. Beschreibe weitere Orte und Situationen, in denen Produkte so platziert wurden, dass dein Kaufwunsch verstärkt wurde (**M6**).
3. Untersucht zu zweit die Werbeanzeigen in **M7**. Erläutert, was euch an den Beispielen anspricht und was euch nicht überzeugt. **MK**
4. Wie funktioniert Werbung (**M8**)? **MK**
   a) Beschreibe, wann, wie oft und in welcher Form dir Werbung begegnet.
   b) Erkläre, welche Art von Werbung dich besonders anspricht und nenne Beispiele.
   c) Untersucht die Beispiele gemeinsam in der Klasse: Welche Gemeinsamkeiten und Unterschiede könnt ihr feststellen?
   d) Gestaltet eine Werbung eurer Wahl zu einem eurer Lieblingsprodukte in Gruppen, und stellt eure Ergebnisse anschließend in der Klasse vor.

H **zu Aufgabe 1**
Nimm dir die Methodenseite auf S. 42 als Leitfaden zur Hilfe.

H **zu Aufgabe 3**
Die Methodenkarte auf S. 43 hilft euch.

F **zu Aufgabe 4b**
Analysiere, warum dich bestimmte Werbung stark anspricht. Verwende auch Beispiele aus Aufgabe 4a.

Eine Karikatur verstehen

Worum geht es?

Ob in Tageszeitungen oder im Internet, immer wieder begegnen dir Karikaturen. Das sind Zeichnungen, die ein Ereignis, einen Sachverhalt oder ein aktuelles Problem aus Politik, Wirtschaft oder Gesellschaft darstellen und kommentieren. Das tun sie meist in satirischer (bissiger, spöttischer) Form. Nicht immer ist es einfach, die Aussagen einer Karikatur herauszufinden. Der folgende Leitfaden soll dir dabei helfen, die Karikaturen zukünftig leichter zu entschlüsseln.

Gehe dabei so vor:

1. Schritt: Die Karikatur beschreiben

Konzentriere dich nur auf die Aspekte, die du auf der Karikatur siehst. Beantworte dazu folgende Fragen:

- Welche Szene wird dargestellt?
- Welche Personen oder Tiere werden dargestellt?
- Welche besonderen Gegenstände oder Handlungen fallen ins Auge?
- Wer ist der Zeichner (Karikaturist)?
- Wann erschien die Karikatur?

2. Schritt: Die Einzelheiten in der Karikatur verstehen

Alle Szenen und Symbole stehen im Zentrum des Interesses. Symbole sind Sachen oder Zeichen, die für etwas Anderes stehen. So ist z. B. das Kreuz ein Symbol für das Christentum. Beantworte folgende Fragen:

- Welche Symbole oder Sachverhalte werden dargestellt?
- Welche Personen erkennst du?
- Welche Personen oder Tiere verändern sich?

3. Schritt: Die Kernaussage der Karikatur formulieren

In der Deutung formulierst du die Kernaussagen des Zeichners (Karikaturist). Beantworte folgende Fragen:

- Wohin bzw. gegen wen richtet sich die Kritik?
- Welche gesellschaftlichen, wirtschaftlichen oder politischen Missstände werden kritisiert?
- Welche Personen werden aus welchem Grund verspottet?

4. Schritt: Die Karikatur beurteilen

Beantworte für eine Beurteilung folgende Fragen:

- Stimmst du der Kernaussage der Karikatur zu?
- Was ist die Begründung für deine Position? Zur Beantwortung dieser Frage benötigst du häufig noch mehr Informationen. Trage diese für deine Begründung zusammen.

Formulierungshilfen zur Erläuterung einer Karikatur

Mediencode: 82251-06

Werbeanzeigen auswerten MK

Worum geht es?

Jeden Tag läuft man an vielen Werbeanzeigen vorbei: Plakate an Bushaltestellen, Schilder in Geschäften, Bilder im Internet und so weiter. Nur selten macht man sich die Mühe, sie genau anzusehen. Und noch seltener macht man sich die Mühe, sie im Detail zu analysieren. Das kann sich aber lohnen, denn nur auf diese Weise können Profis zum Beispiel herausfinden, ob Werbeanzeigen versuchen, z. B. gerade junge Menschen zu manipulieren:

Gehe dabei so vor:

1. Schritt: Die dargestellte Szene beschreiben

Beantworte folgende Fragen:
- Wer oder was ist dargestellt?
- Was passiert bzw. was tun die Personen (auf welche Art und Weise)?
- Was sind die wesentlichen Inhalte der dargestellten Texte?

2. Schritt: Die dargestellte Ansicht des Werbeplakats erklären

Beantworte folgende Fragen:
- Was will derjenige, der das Plakat erstellt hat, damit erreichen?
- Bei wem soll das Plakat wirken? Woran machst du das fest?
- Können manche Details im Bild hier bedeutsam sein (z. B. Mimik und Gestik der dargestellten Personen oder die dargestellten Gegenstände ...)?

3. Schritt: Die Werbeanzeige bewerten

Nun geht es um deine persönliche Sicht. Beantworte dazu die folgenden Fragen. Achte vor allem auf eine überzeugende Begründung bzw. deine Meinung:
- Gefällt dir die Anzeige?
- Sieht sie gut aus?
- Ist alles korrekt und klar dargestellt?
- Werden die möglichen Kunden irgendwie manipuliert?
- Stehen Bilder und Texte in einem glaubwürdigen, plausiblen Zusammenhang?

M9 Verkaufstricks im Supermarkt

1 Aktionswaren, die im Prospekt beworben werden, befinden sich oft ganz hinten im Markt, sodass man an allen anderen Produkten vorbeigehen muss.

2 In der Warteschlange an der Kasse regen vor allem kleine Mitnahmeartikel wie Süßigkeiten oder kleine Pflegeprodukte zum Kauf an.

3 Einkaufswagen haben nicht nur wegen des Servicegedankens einen Kindersitz. Wer die Hände frei hat, kann auch einfach mehr kaufen.

4 Fisch und Meeresfrüchte werden mit kaltweißem Licht angestrahlt und auf Eis gebettet, um den Frische-Effekt zu verstärken.

5 Fleisch und Brötchen, die durch warmweißes Licht mit einem hohen Rotanteil beleuchtet werden, sehen besonders schmackhaft aus.

6 Die Grundnahrungsmittel und Produkte, die man regelmäßig kauft, sind quer im Markt verteilt – so muss man überall vorbei.

7 In Supermärkten werden immer die Regale statt der Wege angestrahlt – denn unsere Aufmerksamkeit folgt dem Licht.

8 Teurere Produkte stehen immer auf Augenhöhe. Für die billigeren Produkte und Eigenmarken muss man sich bücken.

9 Regale und Aufsteller blockieren den geraden Weg durch den Laden – schließlich sollst du nicht hindurchrennen, sondern dich von vielen Angeboten verleiten lassen.

10 Gänge mit teuren Produkten sind immer enger als andere. So passt man mehr auf, nirgends anzustoßen, verbringt mehr Zeit dort und lässt sich verleiten, etwas mitzunehmen.

11 Der Boden des Einkaufswagens ist nach hinten geneigt. So rollen die Lebensmittel immer zu dir und der Wagen sieht möglichst leer aus.

12 Die Wege in Supermärkten führen fast immer linksherum. Studien haben festgestellt, dass wir so mehr einkaufen.

13 Die bunten Farben der Obst- und Gemüseabteilung wecken unsere Kauflaune. Wenn man schon etwas Gesundes gekauft hat, hat man später nicht so ein schlechtes Gewissen bei den Süßigkeiten.

14 Die Geschwindigkeit der Hintergrundmusik in Supermärkten entspricht oft unserem Ruhepuls. Wir sollen uns entspannen und möglichst viel Zeit dort verbringen.

15 Duftstoffe, wie z. B. nach frischen Brötchen, steigern das Hungergefühl und so kauft man mehr.

16 Glänzende Fliesen lassen den Boden rutschig wirken, sodass wir etwas langsamer laufen.

17 Langsam öffnende Türen sollen dein Schritttempo drosseln, so bleibst du länger im Laden und kaufst meist mehr.

Basierend auf: Marktjagd

AUFGABEN

1. Arbeite heraus, wie der Kunde im Supermarkt zum Einkaufen möglichst vieler Waren bewegt werden soll. Erstelle eine Liste mit den Verkaufstricks, die du aus deiner eigenen Erfahrung bestätigen kannst.
2. Recherchiere im Internet nach weiteren Beeinflussungsmethoden von Supermärkten und ergänze deine Liste. MK
3. Unternimm einen Beobachtungsgang in verschiedene Supermärkte und stelle anhand deiner Liste fest, welche Supermärkte sich welcher Methoden bedienen.

H zu Aufgabe 2
Die Methodenkarte zur Internetrecherche unterstützt dein Vorgehen:

Mediencode: 82251-07

Freunde, Influencer und Co – welchen Einfluss haben sie auf meine Kaufentscheidung?

„Please follow me!“ oder „like for like“ das kommt euch vielleicht bekannt vor. Ob in den sozialen Netzwerken oder auf Video-Sharing-Plattformen, alles dreht sich um „Likes“ und „Follower“. Influencer können viel Geld mit ihrer Reichweite verdienen. Doch wer zahlt ihnen dieses Geld?

M10 Influencer: Werbeprofis im Netz

Stars in der Szene: Influencer Toni Mahfud und Lisa und Lena

INFLUENCER

Influencer (von englisch to influence ‚beeinflussen‘) sind Personen, die in den sozialen Medien über ihr Leben und Produkte berichten.
Aufgrund ihrer weiten Verbreitung im Internet genießen sie hohes Ansehen und können dadurch viele Menschen erreichen und beeinflussen. Unternehmen, die ein bestimmtes Produkt in einer Zielgruppe vermarkten möchten, beauftragen heutzutage häufig Influencer, um ihren Followern dieses Produkt vorzustellen. Im Gegenzug erhalten Influencer dafür eine Werbegage (Geld).

M11 Auf dem Schulhof

Ofelia und Philipp, beide Schüler der 6. Klasse, stehen mit ihren Freunden in der großen Pause auf dem Schulhof. Die Weihnachtsferien sind vorbei, und alle haben tolle Geschenke bekommen. Ofelia schwärmt von ihrem neuen Smartphone: „Das vorherige war schon voll alt, das habe ich zu meinem Geburtstag im letzten Jahr bekommen. Das Neue hat eine viel bessere Kamera, meine Freundin aus der 8. Klasse hat das auch!" Philipp zeigt den anderen sein neues Cap, endlich hat er es bekommen. Jetzt ist er nicht mehr der Einzige ohne ein Cap in seinem Freundeskreis.

M12 Was trägst du?

Kleidung in der Schule: Einheitlich oder alle wie sie möchten?

AUFGABEN

1. a) Beschreibe, wie die Bilder in **M10** auf dich wirken.
   b) Entwickelt gemeinsam für die Bilder (**M10**) eine Werbebotschaft. MK
   c) Diskutiert in der Klasse die folgenden Aussagen:
      - „Influencer sind mein Vorbild."
      - „Influencer teilen mit mir ihren Alltag – fast wie mein bester Freund oder meine beste Freundin."
      - „Influencer würden niemals versuchen, mich von Produkten zu überzeugen."
2. Warum haben sich Philipp und Ofelia genau diese Geschenke gewünscht? Überprüfe den Text **M11** und stelle Vermutungen an.
3. Sollte unsere Schule einheitliche Kleidung einführen (**M12**)?
   a) Formuliert zu zweit Vor- und Nachteile für die Einführung einheitlicher Schulkleidung.
   b) Diskutiert in Kleingruppen, ob diese Maßnahme das Miteinander an der Schule verbessern würde.

Beeinflussen Marken meine Kaufentscheidungen?

Seit Wochen liegst du deinen Eltern in den Ohren: Dein größter und einziger Geburtstagswunsch ist das neue iPhone! Mit dem wärst du die Nr. 1 in der Klasse. Jetzt packst du das Geschenk aus – und dann ist das Handy von einer „Schrott-Marke“ ...!

M13 Marken – immer und überall?

Im Kühlschrank ... Im Bad ... Im Zimmer ...

M14 Wer verdient an teurer Markenkleidung?

Hoyer, Michael: Kleider machen arme Leute, Video-Produktion der Hochschule Furtwangen, Digital Imaging 2006

MARKENPRODUKTE

Als Markenprodukte werden Waren bezeichnet, für die Unternehmen viel Werbung machen. Auf diesen Produkten ist meist ein Markenzeichen zu sehen.

Menschen sollen mit diesem Markenzeichen positive Gedanken und Gefühle verbinden und somit das Produkt gerne und oft kaufen. Markenprodukte sind meist teurer als herkömmliche sogenannte „No-Name Produkte“. Das heißt jedoch nicht, dass ein Markenprodukt von besserer Qualität ist.

M15 Die wertvollsten Marken der Welt

Platz	Marke	Markenwert [Mrd USD]	Ursprung
1.	Apple	234,241	USA
2.	Google	167,713	USA
3.	Amazon	125,263	USA
4.	Microsoft	108,847	USA
5.	Coca-Cola	63,365	USA
6.	Samsung	61,098	Südkorea
7.	Toyota	56,2426	Japan
8.	Mercedes Benz	50,832	GER
9.	McDonalds	45,362	USA
10.	Disney	44,352	USA

Die fünf wertvollsten deutschen Marken und ihre Platzierung (2019)

8.	Mercedes Benz	50,832
11.	BMW	41,440
20.	SAP	25,092
40.	VW	12,921
42.	Audi	12,689

Zahlen: Best Global Brands 2019 Rankings, www.interbrand.com, Abruf am 30.04.2020

AUFGABEN

1. Marken – immer und überall?
   a) Ordne den Bildern Produkte gängiger Marken zu, die du an diesen Orten vorfindest und in deinem Alltag nutzt (**M13**).
   b) Erkläre an drei konkreten Beispielen, warum du dich bei bestimmten Produkten für ein Markenprodukt oder für ein No-Name Produkt entscheidest (**M13**).
2. Beschreibt zu zweit, wer am Verkauf von Markenkleidung Geld verdient. Was erstaunt euch (**M14**)?
3. Kennt ihr die wertvollsten deutschen Marken? Sammelt in Kleingruppen die Firmennamen und nennt Produkte, für die diese Unternehmen bekannt sind (**M15**).
4. Welche Marken spielen in eurer Klasse eine große Rolle?
   a) Ermittelt von jedem die persönlichen TOP 5 Marken.
   b) Erstellt ein Klassen-Ranking an der Tafel.
   c) Diskutiert, warum diese Marken bei Jugendlichen so erfolgreich sind.

3.2 Mit Geld umgehen

Wo kommt das Geld einer Familie her?

Miete, Strom, Lebensmittel, Kleidung, Urlaub ... alles muss bezahlt werden. Aber wo kommt das Geld dafür eigentlich her?

M1 Wer bringt das Geld nach Hause?

M2 Gleichberechtigung bei der Arbeitsteilung?

Das alte Rollenbild, dass Männer arbeiten gehen und sich vor allem die Frauen um den Haushalt und die Kinder kümmern, ist in Deutschland immer noch verbreitet. Während sich die Männer häufig auf ihre Karriere konzentrieren, haben es viele Frauen nach einer Elternzeit schwer, in ihre vorherige Arbeits- und Gehaltssituation zurückzukehren oder weiter aufzusteigen. Oftmals arbeiten Mütter in Deutschland in Teilzeit in einem Umfang von 20 Stunden in der Woche. Der wesentliche Grund hierfür ist die Betreuungssituation für Kinder in Deutschland (z. B. gibt es zu wenige Kindergartenplätze). Positiv fällt auf, dass in den letzten Jahren auch immer mehr Väter Elternzeit zur Betreuung ihrer Kinder beantragten. Hiervon profitieren alle und Familien können unabhängiger von gesellschaftlichen Vorstellungen entscheiden, wie sie ihre Familien- und Arbeitszeit organisieren wollen.

M3 Frauen und Männer: Unterschiede beim Erwerbseinkommen

Hinweis
Hier wurden beispielhafte Einkommenshöhen verwendet.

Angestellter in kaufmännischer Leitungsposition
m = 2900,00 €
(brutto / mtl.)

Angestellte in kaufmännischer Leitungsposition
w = 2300,00 €
(brutto / mtl.)

Lehrer
m = 3837,00 €
(brutto / mtl.),

Lehrerin
w = 3837,00 €
(brutto / mtl.)

GENDER PAY GAP

Den Unterschied bei der Bezahlung von arbeitenden Frauen und Männern für genau die gleiche Tätigkeit bezeichnet man als Gender Pay Gap (dt: Geschlechter-Einkommenslücke).
Im Jahr 2018 verdienten Frauen in Deutschland im Durchschnitt 21 Prozent weniger als ihre männlichen Kollegen, die die gleichen Tätigkeiten ausübten. Im europäischen Vergleich ist der Gender Pay Gap nur in Tschechien und Estland höher als in Deutschland.

AUFGABEN

1. Betrachte die Bilder in **M1**. Beschreibe weitere Möglichkeiten der Arbeitsteilung.
2. Erörtert zu zweit Vor- und Nachteile, welche mit den in **M1** gezeigten Lebenssituationen verbunden sein könnt.
3. Nimm begründet Stellung (**M2**): Wie wichtig ist dir Gleichberechtigung von Männern und Frauen im Beruf und in der Familie?
4. Analysiere die geschlechterspezifischen Unterschiede der Löhne in **M3**.

H zu Aufgabe 2
Geht dabei auch auf die finanziellen Folgen der Situationen ein.

Asche, Kohle, Cash – Formen und Funktionen von Geld

Wer träumt nicht davon: Einen Tresor voller Muscheln. Muscheln? Ja! In vergangenen Jahrhunderten waren diese als Zahlungsmittel für Waren und Dienstleistungen sehr beliebt. Welche Zahlungsmittel dir heute zur Verfügung stehen und wozu man Geld noch benötigt, erfährst du hier.

M4 Ein Leben ohne Geld?

(Ware gegen Ware)

(Ware gegen Dienstleistung)

Kaurischnecken

Lykische Münze

Geldschein aus dem Jahr 1908

M5 Der Weg vom Naturaltausch zum Geldschein

Seit Beginn der Menschheitsgeschichte betreiben Menschen Tauschhandel miteinander. Das bedeutet, Ware gegen Ware, Dienstleistung gegen Dienstleistung oder Ware gegen Dienstleistung zu tauschen. Daraus entstanden erste Vorläufer des Geldes, wie wir es heute kennen. Kleine Steine, Schnecken oder Muscheln dienten lange Zeit als natürliche Zahlungsmittel, wie beispielsweise die Kaurischnecke.

Aber auch das Geld, das wir heute kennen, hat bereits eine lange Geschichte. Erste Formen des Münzgeldes entstanden bereits ab dem 7. Jh. v. Chr., doch verloren sich die Spuren des Geldes durch den Niedergang verschiedener Hochkulturen immer wieder. Erst im 12. Jh. setzte sich Münzgeld endgültig als Zahlungsmittel in Europa durch. Mit der offiziellen Anerkennung des leichten Papiergeldes als Zahlungsmittel im 19. Jh. sollte Münzfälschungen entgegengewirkt und das Gewicht reduziert werden, denn mit Taschen voller Geld zu reisen war beschwerlich und gefährlich zugleich. Zudem wurde mit der Einführung des Papiergeldes eine Entkopplung vom eigentlichen Materialwert einer Münze erzielt, da das Papier selbst keinen Wert besitzt.

M6 Funktionen des Geldes

Tausch- und Zahlungsmittel
- Geld als international anerkanntes Zahlungsmittel
- Geld dient dem Austausch von Produkten und Dienstleistungen

Wertmesser und Recheneinheit
- Geld drückt den Wert eines Produktes oder einer Dienstleistung aus
- Berechnungen werden durch Geldwerte (Einheiten) stark vereinfacht

Wertaufbewahrungsmittel
- Geld kann gespart und zu einem späteren Zeitpunkt für eine Anschaffung verwendet werden

Wertübertragungsmittel
- Geld kann durch Schenkung, Erbschaft oder Erwerbsarbeit (in Form von Lohn) an andere Personen übertragen werden

AUFGABEN

1. a) Beschreibe in eigenen Worten, wie das Prinzip des Naturaltausches funktioniert (**M4**).
b) Nenne Situationen, in denen heute noch Tauschhandel betrieben wird.
c) Ermittle Vor- und Nachteile von Tauschhandel.

2. a) Beschreibe, wie sich unser heutiges Geld entwickelt hat (**M5**).
b) Erläutert euch gegenseitig die verschiedenen Funktionen von Geld (**M6**).

3. a) Überprüfe deine Vermutungen aus Aufgabe 1c mithilfe von **M5** und **M6**.
b) Diskutiert zu zweit, warum sich Geld als Zahlungsmittel gegenüber dem Naturaltausch durchgesetzt hat (**M5**, **M6**).

F **zu Aufgabe 1b**
Wenn ja, wo, in welcher Form und wie unterscheidet er sich vom früheren Tauschhandel?

F **zu Aufgabe 2a**
Gestalte einen Zeitstrahl zur Geschichte der Zahlungsmittel. Nutze zur weiteren Recherche das Internet. Die Methodenkarte zur Internetrecherche unterstützt dein Vorgehen:

Mediencode: 82251-08

Keinen Plan ohne Haushaltsplan?

Damit du am Ende des Monats nicht überrascht bist, wo denn dein ganzes Geld geblieben ist, bietet es sich an, einen sogenannten Haushaltsplan zu führen. Einen solchen Plan kann man auch auf dem Smartphone führen. Du kannst mit seiner Hilfe erkennen, für was du dein Geld ausgegeben hast und an welcher Stelle du vielleicht zukünftig etwas sparen kannst. Zum Beispiel für einen Kinobesuch.

M7 Familie Tönissen stellt sich vor

Familie Tönissen

Dilnaz Tönissen

45 Jahre, Angestellte in einem mittelständischen Unternehmen, wenig Zeit für eigene Hobbys, liebt die Natur und Nordic Walking, gesundheitlich nicht sehr stabil, leidet unter häufigen Infekten, v. a. in den Wintermonaten

Matthis Tönissen

47 Jahre, selbstständiger Fitnesstrainer, Sport und Fitness sind seine Hobbys, träumt vom eigenen Fitnessstudio, Mitglied im örtlichen Sportverein, hat viele gleichgesinnte Freunde, reist gerne

Levin Tönissen

13 Jahre, 7. Klasse, sehr gewissenhaft, modebewusst, geht in seiner Freizeit am liebsten mit seinen Kumpels zum Angeln, sitzt aber auch gerne am Computer

Aylin Tönissen

11 Jahre, 5. Klasse, gesellig, geht in ihrer Freizeit gerne in den Skatepark, interessiert sich für die Natur, ist Mitglied im Naturschutzbund

M8 Der Haushaltsplan: Einnahmen und Ausgaben

Haushaltsplan / Monat Februar

Einnahmen		Ausgaben	
Herr Tönissen (Gehalt):	450 €	...	
Frau Tönissen (Gehalt):	2.000 €	...	
Kindergeld Levin:	204 €	...	
Kindergeld Aylin:	204 €	...	
Summe:		Summe:	3157,50 €

M9 Wie viel Geld gibt Familie Tönissen im Februar aus?

1. Grundnahrungsmittel 470 €
2. Turnschuhe für Levin 140 €
3. Wohnung/Heizung/Wasser 950 €
4. Reparatur der Waschmaschine 123 €
5. Hygieneprodukte 30 €
6. Aylins Geburtstagsfeier 100 €
7. Rücklage für Geschenke 40 €
8. Taschengeld für Kinder 40 €
9. Geld zur freien Verfügung für die Eltern 100 €
10. Haftpflichtversicherung 15 €
11. Grippemittel für Frau Tönissen 20 €
12. Autoversicherung, -steuer und Benzin 300 €
13. 2 Schülermonatskarten 80 €
14. Kabelanschluss 17 €
15. GEZ-Gebühren 17,50 €
16. Abonnement einer Tageszeitung 30 €
17. Schulmaterial von Aylin 20 €
18. Teilnahme von Levin am Schulausflug 20 €
19. Rücklage für den Jahresurlaub 100 €
20. Rechtsschutzversicherung 10 €
21. Gemeinsames Pizza-Essen 50 €
22. Telefon/Internet 40 €
23. Handys für alle Familienmitglieder 60 €
24. Mitgliedschaft im Sportverein (Familie) 30 €
25. Mitgliedschaft im Naturschutzbund 5 €
26. 2 Theaterkarten 60 €
27. 2 Kinokarten 15 €
28. Eintritte (z. B. Museum/Zoo) 20 €
29. Spenden 5 €
30. Sparen 250 €

Idee: Metzger, Kai, Politik betrifft uns, Ausgabe 5, 2012, Bergmoser + Höller Verlag AG, Aachen

AUFGABEN

1. Nenne mögliche Bedürfnisse der einzelnen Mitglieder der Familie Tönissen (**M7**).
2. Familie Tönissen verfügt über begrenzte Mittel (**M8**, **M9**). Rechne die Einnahmen von Familie Tönissen zusammen, über die sie monatlich gemeinsam verfügen kann.
3. Beschreibe das Problem, vor dem Familie Tönissen steht (**M7**-**M9**).
4. Worauf soll Familie Tönissen verzichten (**M7**-**M9**)?
   a) Bildet Kleingruppen von nicht mehr als fünf Schülerinnen und Schülern.
   b) Erstellt mithilfe der Ausgaben (**M9**) einen Haushaltsplan (Einnahmen- / Ausgabenliste) für Familie Tönissen: Wählt dazu aus den Ausgabeposten diejenigen aus, die ihr in jedem Fall tätigen würdet.
   c) Erläutert, welche Ausgaben zur Not verzichtbar sind.
   d) Vergleicht die Haushaltspläne der verschiedenen Gruppen.
5. Was bedeutet der von euch jeweils vorgeschlagene Verzicht für die einzelnen Familienmitglieder? Beurteilt eure Haushaltspläne (aus Aufgabe 4).

H zu Aufgabe 4d
Nennt Gemeinsamkeiten und Unterschiede. Achtet besonders auf die Posten, auf die in den einzelnen Haushaltsplänen verzichtet wurde.

Wie behalte ich den Überblick über mein Geld?

Du möchtest dir etwas kaufen und stellst plötzlich fest, dass du in diesem Monat gar nicht mehr genügend (Taschen-) Geld hast – kennst du die Situation? Wie kannst du den Überblick über deine Einnahmen und Ausgaben behalten?

M10 Was bedeutet Geld für dich?

Teste deinen Umgang mit Geld:

1. **Was wird bei Verabredungen mit Freunden meistens unternommen?**
   - A Zusammensitzen und reden oder eine Runde Sport.
   - B Ins Café oder in die Eisdiele gehen und gucken, was passiert.
   - C Eine Shoppingtour durch die Stadt.

2. **Ebbe im Portmonee, aber im Schaufenster hängt ein tolles T-Shirt. Was tun?**
   - B In ein paar Tagen gibt es Taschengeld. Ich warte bis dahin.
   - C Am besten Geduld, vielleicht gibt's das bald günstiger.
   - A Ich leihe mir Geld von Freunden oder lasse mir von den Eltern einen Vorschuss geben.

3. **Vergessen, Freund oder Freundin etwas Wichtiges zu sagen. Und jetzt?**
   - C Handy raus, SMS schicken und hinterher noch schnell anrufen, ob alles klar ist.
   - B Sobald ich zu Hause bin, schreibe ich eine Mail.
   - A Wir sehen uns in ein paar Stunden. Dann bespreche ich die Sache.

4. **Die meisten in der Clique haben ein neues Smartphone. Und?**
   - A So was gibt es bei meinen Freunden nicht.
   - C Dann muss ich mir auch eins kaufen.
   - B Ich freu mich für die, die es haben. Vielleicht wünsche ich mir so eins zum Geburtstag.

5. **Überraschung, ein Geldgeschenk. Wohin damit?**
   - B Einen Wunsch erfülle ich mir, der Rest kommt auf mein Konto.
   - C Super! Ich freue mich aufs Einkaufen.
   - A Ich zahle alles auf mein Sparkonto ein!

6. **Beim Einkaufen mehr Geld ausgegeben als geplant?**
   - C Keine Ahnung. Ich zahle meist mit Karte, da fällt das nicht weiter auf.
   - A Das kann mir nicht passieren.
   - B Wenn ich etwas Günstiges sehe, warum nicht? So kann ich vielleicht sogar Geld sparen.

Zerrahn, Signe: Budgetpass für Jugendliche, Geld und Haushalt, Beratungsdienst der Sparkassen-Finanzgruppe, Stuttgart 2009/2014, S. 6f. (gekürzt)

M11 Hast du einen Überblick über dein Taschengeld?

a

Eigentlich brauche ich immer mehr Geld, als ich von meinen Eltern bekomme. Mir fällt es schwer, den Überblick über mein Taschengeld zu behalten. Ich kann nicht sagen, wann ich worauf verzichten soll.

b

Alles was ich wirklich brauche, bezahlen meine Eltern. Das Taschengeld reicht mir gut. Ich habe immer genügend, weiß aber selten, wie viel genau ich noch habe. Wenn ich mehr möchte, frage ich einfach meine Eltern.

c

Naja, ich wollte unbedingt ein neues Smartphone. Das hätte ich mir von meinem Taschengeld nie leisten können. Also habe ich meine Eltern gefragt, ob sie mir Geld leihen können. Ich bin mir nicht sicher, ob das eine gute Idee war. Nun bekomme ich monatlich deutlich weniger Taschengeld, weil ich das Geld für das Smartphone zurückzahlen muss.

M12 Wo bleibt das Geld?

Wer ständig knapp bei Kasse ist, sollte als erstes prüfen, wohin seine Ausgaben fließen. Dabei hilft diese Übersicht. Notiere deine täglichen Ausgaben – nach ein paar Wochen kennst du deine größten Kostentreiber.

Woche 1	Mo	Di	Mi	Do	Fr	Sa	So
Essen							
Trinken							
Süßes							
Musik							
Kino, Video							
Kleidung							
Handy							
Ausgehen							
Sport							
...							

Bitte ins Heft!

AUFGABEN

1. Notiere die Buchstaben deiner Antworten (**M10**). Addiere je die Anzahl der Buchstaben A-C. Auf der nachfolgenden Seite kannst du die Auswertung nachlesen.
2. Was rätst du den Jugendlichen (**M11**)? Formuliere jeweils einen Ratschlag, damit sie den Überblick behalten.
3. Beschreibe, wie du mit deinem Taschengeld umgehst (**M12**).

Konsum
Kauf von Gütern zum privaten Gebrauch oder Verbrauch

Tipp:
Erst denken, dann kaufen!

Testauswertung – was bedeutet Geld für dich?

Überwiegend C: der Spitzenkonsument	
Einfach Spaß haben, bloß nicht an morgen denken – das ist das Motto des Spitzenkonsumenten. Kaum ein Angebot, dem dieser Geldtyp widerstehen kann. Wenn das Traumobjekt der Begierde im Schaufenster lockt, gibt es kein Halten mehr. Gesehen, gefallen, gekauft. Doch wer in puncto Finanzen stets am Limit oder gar über seine Verhältnisse lebt, zahlt auf Dauer einen hohen Preis. Geliehenes Geld muss zurückgezahlt werden!	+ [...] Wer so ausdauernd durch die Kaufhäuser schlendert, kennt viele Trends und weiß, wo man was bekommen kann. – Immer nur an Konsum zu denken, kann auf Dauer unbefriedigend sein. Selbst die besten Freunde sind irgendwann gelangweilt, wenn es in Gesprächen nur um das Eine geht. Außerdem: Um unabhängig zu sein, sollte man mit Geld umgehen können!
Überwiegend B: der bewusste Genießer	
Kompliment! Beim Thema Geld lässt sich der bewusste Genießer so schnell nichts vormachen. Sie oder er kennt die eigenen Wünsche meist ganz genau und verliert deshalb selten den Überblick über die eigenen Finanzen. Und es ist ein gutes Gefühl, wenn man sich über seine Vorstellungen im Klaren ist. Planvoller Umgang mit Geld eröffnet einem schließlich viele neue Möglichkeiten und Handlungsspielräume.	+ Der bewusste Genießer weiß, was ihm Freude macht und lässt sich daher kaum zu Spontan- oder Frustkäufen hinreißen. Das macht ihn oder sie auch zu einem verlässlichen Begleiter beim Einkaufsbummel mit Freunden. – [...] Wer selbst gut mit seinem Geld auskommt, wird auch gerne mal angepumpt. Die Gutmütigkeit sollte von anderen nicht ausgenutzt werden.
Überwiegend A: der Geldsammler	
Sparsamkeit ist eine Tugend – übertreiben muss man es jedoch nicht. Die Grenze zum Geiz sollte man nicht überschreiten, denn schließlich ist Sparen kein Selbstzweck. Und wer sich selbst und anderen nie etwas gönnt [ist der zufrieden]? Für den Geldsammler ist es besonders wichtig, unnötige Ausgaben zu vermeiden. Für ihn heißt es: Preise vergleichen, möglichst günstig einkaufen, auf überflüssige Ausgaben verzichten.	+ Der Geldsammler ist ein guter Ratgeber, wenn es darum geht, sich zum Thema Sparen zu informieren. Er oder sie hat jede Menge tolle Tipps, wie man aus seinem Taschengeld das Beste machen kann. – Wer übertrieben sparsam ist, könnte von anderen leicht für geizig gehalten werden. [Aber letztlich ist auch das nur ein Problem der anderen ...]

Zerrahn, Signe: Budgetpass für Jugendliche, Geld und Haushalt, Beratungsdienst der Sparkassen-Finanzgruppe, Stuttgart 2009/2014, S. 8f.

Tipp:
Ein bewusster Umgang mit den eigenen Finanzen muss nicht heißen, gar kein Geld auszugeben.

Welche Wege führen in die Schuldenfalle?

Manche Jugendliche stellen sich vielleicht die Frage, warum am Ende des Taschengeldes immer noch so viel Monat übrig ist. Ab wann ist man nicht nur verschuldet, sondern überschuldet?

M13 Ist Sara verschuldet oder überschuldet?

Sara: Meine neue Playstation ist super. Ich zahle meinem Bruder monatlich 30 Euro dafür.
Vincent: Du bekommst doch nur 40 Euro Taschengeld. Lebst du jetzt von 10 Euro im Monat, oder was?
Sara: Quatsch. Durch das regelmäßige Babysitten hatte ich bisher immer 80 Euro. Letzten Monat haben die mich allerdings kein einziges Mal gebraucht. Und die Familie meinte auch schon, die nächsten paar Monate werde ich wohl auch nicht oft gebraucht werden.

M14 Auch junge Erwachsene leben auf Pump

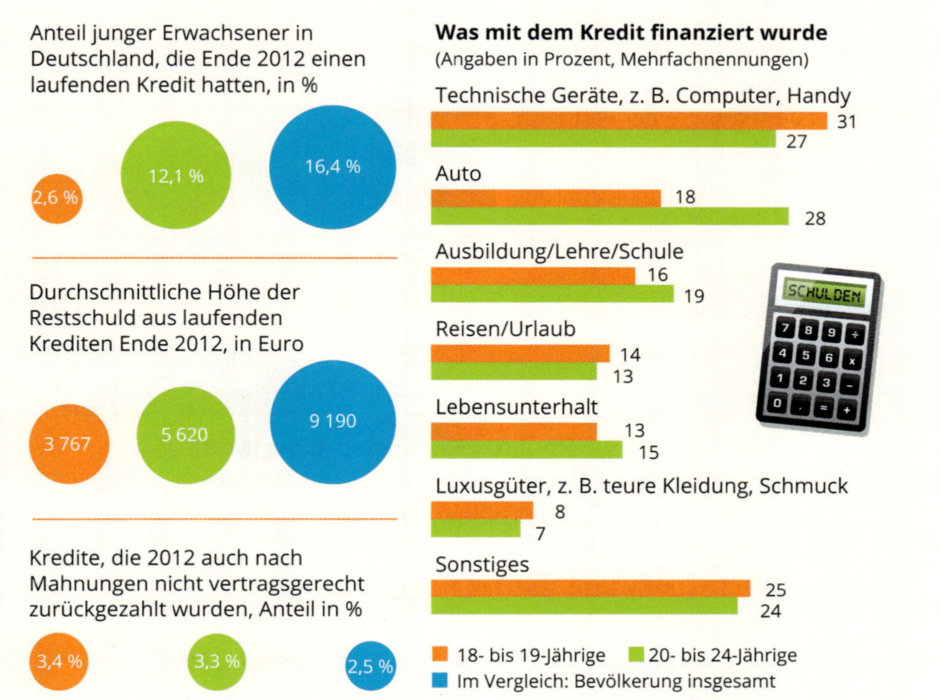

Schufa (Kredid-Kompass2013), GfK (2013); Globus-Grafik 5651

VERSCHULDUNG

Wer sich Geld leiht oder einen Kredit aufnimmt, verschuldet sich.
Verschuldung kann sinnvoll sein, wenn zum Beispiel für den Erwerb eines Hauses oder eines Autos ein Kredit aufgenommen wird. Werden weitere Ausgaben (z. B. eine Reise, technische Geräte o. ä.) getätigt, sollte abgewogen werden, inwiefern man sich weiter verschuldet und ob ggf. eine Überschuldung droht.

ÜBERSCHULDUNG

Überschuldung liegt vor, wenn nach Abzug der finanziellen Mittel für den grundlegenden Lebensbedarf (Essen, Trinken, Wohnraum, Strom, Wasser) das verbleibende Geld nicht mehr ausreicht, um die Zahlungsverpflichtungen pünktlich zu erfüllen.
Man spricht dann auch von einer Insolvenz. Menschen, die bereits akut von Schulden bedroht werden, sind bereits überschuldet. Spätestens dann sollte man sich so schnell wie möglich beraten lassen, um nicht noch tiefer in den Schuldensumpf zu rutschen.

M15 Häufigste Ursachen für Überschuldung

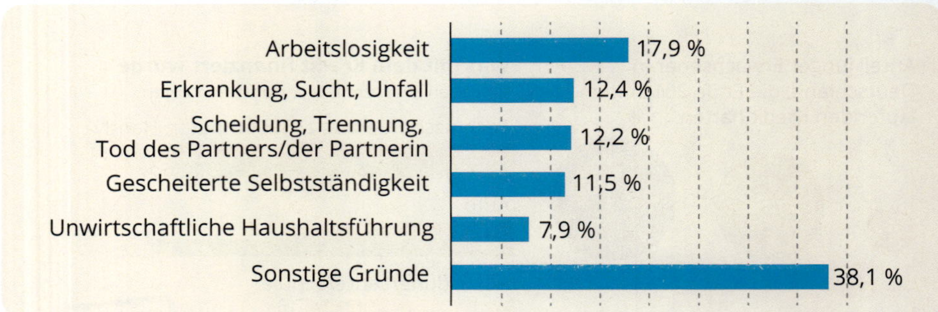

www.statista.de, Zahlen: Creditreform, Statistisches Bundesamt 2015

AUFGABEN

1. a) Erläutere: Ist Sara verschuldet oder überschuldet (**M13**)?
   b) Für wie problematisch hältst du Saras Situation? Beurteile mithilfe einer Zahl von 0 (völlig unproblematisch) bis 10 (sehr problematisch). Begründe deine Entscheidung.
2. Betrachtet die Grafik **M14**. Beschreibt zu zweit, wofür junge Erwachsene sich verschulden.
3. a) Stelle die Kernaussage der Grafik in zwei Sätzen dar (**M15**).
   b) Begründe, wer deiner Meinung nach am ehesten in der Verantwortung steht, etwas zu tun: Eltern, Freunde, Schule, Unternehmen, der Gesetzgeber (**M14**, **M15**).

Wege aus der Schuldenfalle

Tausende Kinder leben in Aachen in „überschuldeten" Haushalten. Stelle dir vor, deine Eltern wären überschuldet. Welche Folgen hätte das für dich und dein Leben? Und wie könnten deine Eltern aus dieser Schuldenfalle herauskommen?

M16 Sara ist in der Schuldenfalle

Sara: Ich weiß nicht mehr, was ich machen soll. Mein Bruder besteht auf der monatlichen Rate von 30 Euro, da er selbst knapp bei Kasse ist, meine Babysitter-Familie hat mir ganz gekündigt, und meine Eltern haben mein Taschengeld wegen schlechter Noten auf 20 Euro halbiert.

Vincent: Oh Mann, hört sich übel an. Du musst dir einen neuen Job suchen!

Sara: Versuche ich ja, aber das klappt so schnell nicht. Außer Babysitten kann ich doch auch nix.

Vincent: Ich habe einen Kumpel, der Supermarktregale auffüllt. Soll ich den mal fragen?

Sara: Das wäre super. Aber bis ich da Geld sehe, dauert es auch ewig! Ich brauche **jetzt** Kohle!

Vincent: Du kannst doch Gitarre spielen. Spiel doch in der Fußgängerzone!

M17 So behältst du deine Finanzen im Griff

AUFGABEN

1. a) Beschreibe Saras Weg in die Überschuldung (**M16**).
   b) Bewerte, inwiefern Sara selbst Schuld an ihrer Lage ist.
2. Welche der Vorschläge aus **M17** würden Sara jetzt helfen? Welche der Vorschläge hätten Sara vor der Schuldenfalle bewahrt?
3. a) Erstellt zu dritt eine Rangliste. Welche fünf Maßnahmen würdest du einem Freund oder einer Freundin empfehlen (**M17**)?
   b) Diskutiert eure Vorschläge in der Klasse.

VIELE EINFLÜSSE AUF DIE KAUFENTSCHEIDUNG

Kapitel 3.1: M1-M10

EINFLÜSSE AUF UNSER KAUFVERHALTEN

Im Alltag treffen wir ständig auf Situationen, die unser Kaufverhalten beeinflussen sollen. Im Supermarkt werden z. B. die Regale nach bestimmten Regeln aufgestellt und eingeräumt, die dazu führen sollen, dass du mehr kaufst, als du eigentlich möchtest. Den größten Einfluss hat aber die Werbung, egal ob im Fernsehen, auf Plakaten oder im Internet. Ziel jeder Werbung ist es, ein Produkt so zu präsentieren, dass es vom Kunden gekauft wird. Werbung informiert über die Eigenschaften des beworbenen Produkts und verschafft dem Konsumenten so einen Überblick über die angebotenen Waren. Häufig „verführt" Werbung durch geschickte Strategien jedoch den Kunden zum Kauf. Dazu zählt z. B., dass bekannte Persönlichkeiten wie Influencer das Produkt bewerben. So werden „künstliche" Bedürfnisse erzeugt, gleichzeitig werden meist Preise und die Nachteile eines Produktes verheimlicht.

Kapitel 3.1: M13-M15

JUGENDLICHE UND MARKEN

Es gibt von fast allen Produkten eine große Auswahl. Für viele Menschen, vor allem für Jugendliche, ist die Marke bei ihrer Kaufentscheidung sehr wichtig. Die Unternehmen geben viel Geld dafür aus, ihre Marken mit einer positiven Botschaft zu verbinden, zum Beispiel über Werbung. Sie können ihre Produkte dann für deutlich mehr Geld verkaufen und machen mehr Gewinn.

Kapitel 3.2: M1-M3

EINKOMMENSQUELLEN DER FAMILIE

Wohnraum, Lebensmittel sowie Konsumgüter und Dienstleistungen müssen bezahlt werden. Das Einkommen kann den finanziellen Bedarf einer Familie decken (helfen). Dabei spielen sowohl das Gehalt als Vergütung von Erwerbsarbeit als auch Unterstützungen vom Staat, wie beispielsweise Elterngeld und Arbeitslosengeld II, eine wichtige Rolle.

Kapitel 3.2: M4-M6

FORMEN UND FUNKTIONEN VON GELD

Geld gibt es in verschiedenen Formen. Neben dem viel genutzten Bargeld spielen auch die digitalen Zahlungsvorgänge (Überweisungen, EC- und Kreditkartenzahlungen) eine immer größere Rolle. Zahlungen via Smartphone, per App oder mittels NFC-Chip auf der Bankkarte erfordern besondere Vorsicht bei der Verwendung. Informiere dich vor der Benutzung ausführlich, nur so kannst du dich vor Betrug schützen.

Geld ist nicht nur Tausch- und Zahlungsmittel, es dient in der Wirtschaft auch als Wertmesser, Wertaufbewahrungsmittel und Wertübertragungsmittel.

MIT GELD UMGEHEN

HAUSHALTSPLAN VERSCHAFFT ÜBERBLICK

Kapitel 3.2: M7-M12

Den Haushaltsplan nennt man auch Einnahmen-Ausgaben-Rechner. Hier werden die Einnahmen und Ausgaben aller Familienmitglieder gegenübergestellt. Es ist wichtig, sich einmal genau aufzulisten, was man in einem Monat ausgibt. Ein Haushaltsplan hilft dabei, mit dem vorhandenen Geld auszukommen.

WEGE IN DIE SCHULDENFALLE

Kapitel 3.2: M13-M15

Überschuldet ist, wer nach den Ausgaben für den grundlegenden Lebensbedarf (Essen, Trinken, Wohnung, Strom, Wasser) nicht mehr genügend Geld für seine Kreditrate(n) hat. Arbeitslosigkeit ist die häufigste Ursache für Überschuldung in Deutschland. Der plötzliche Tod des Partners bzw. der Partnerin, eine Scheidung oder eine plötzliche Krankheit sind auch bedeutsame Ursachen. Wer bei der persönlichen Einnahmen- und Ausgabensituation schnell den Überblick verliert, sollte sich angewöhnen, ein Haushaltsbuch zu führen.

WEGE AUS DER SCHULDENFALLE

Kapitel 3.2: M16-M17

Es gibt eine Vielzahl an praktischen Tipps, um wieder den Überblick über seine Finanzen zu erlangen: alles bar bezahlen, (Spontan-)Käufe um mindestens einen Tag verschieben, Widerstandskraft gegen Gruppendruck entwickeln, u. v. m. Zusätzlich kann man sich z. B. durch das Führen eines Haushaltsbuchs mehr Disziplin und Struktur hinsichtlich der eigenen Einnahmen und Ausgaben antrainieren.

Nicht zuletzt gibt es offizielle Anlauf- und Beratungsstellen, die man nutzen sollte. Seriöse Beratung ist oft kostenfrei!

3.3 Verbraucherschutz: Welche Rechte habe ich?

Darf ich alles kaufen, was ich möchte, und welche Rechte und Pflichten habe ich dabei?

Wer was, ab welchem Alter kaufen darf, ist gesetzlich festgelegt. Denn sobald du etwas kaufst, gehst du Verpflichtungen ein. Darüber machen wir uns nur wenige Gedanken. Rechte, Pflichten und Folgen unseres Einkaufs werden uns meistens erst bewusst, wenn es Probleme gibt.

M1 Darf ich alles kaufen?

		Ja	Nein	Begründung
a	Darf Lena (5) sich alleine beim Bäcker ein Brötchen kaufen?			
b	Darf Tim (13) sich von seinem Taschengeld einen Computer kaufen?			
c	Darf Hatice (17) sich einen schicken, 250 Euro teuren Mantel kaufen?			
d	Darf Ahmed (16) ein Handy geschenkt bekommen, das 24 Monate an einen Vertrag gebunden ist?			
e	Darf Nevil (15) sich CDs von Geld kaufen, das ihm seine Eltern eigentlich für eine neue Jacke gegeben hatten?			
f	Darfst du dir im Internet die neue FIFA-Version für deine Playstation kaufen?			

Bitte ins Heft!

GESCHÄFTSFÄHIGKEIT

Wer etwas kaufen möchte, schließt beim Kauf einen Vertrag mit dem Verkäufer ab. Das Gesetz erlaubt erst ab einem bestimmten Alter, einen solchen Kaufvertrag zu schließen. Man nennt das Geschäftsfähigkeit.

Geschäftsfähig?	Alter
Bist du noch keine 7 Jahre alt ist, dann bist du *geschäftsunfähig*. Das heißt, deine Eltern müssen dir erlauben, einzukaufen.	unter 7 Jahre
Bist du zwischen 7 und 17 Jahren, dann bist du *beschränkt geschäftsfähig*. Das heißt, du kannst zwar einkaufen gehen, aber deine Eltern können den Kauf wieder rückgängig machen, wenn sie damit nicht einverstanden sind.	7–17 Jahre
Ab 18 Jahren bist du *voll geschäftsfähig*, das heißt, du brauchst von niemandem mehr eine Erlaubnis.	ab 18 Jahren

M2 Was sagt das Bürgerliche Gesetzbuch dazu?

Das BGB (Bürgerliches Gesetzbuch) ist eine Sammlung an Gesetzestexten, die die Beziehungen zwischen Privatpersonen und wirtschaftlichen Personen (z. B. Unternehmen) regelt.

§ 1 Beginn der Rechtsfähigkeit

Die Rechtsfähigkeit des Menschen beginnt mit der Vollendung der Geburt.

§ 106 Beschränkte Geschäftsfähigkeit Minderjähriger

Ein Minderjähriger, der das siebente Lebensjahr vollendet hat, ist [...] in der Geschäftsfähigkeit beschränkt.

§ 107 Einwilligung des gesetzlichen Vertreters

Der Minderjährige bedarf zu einer Willenserklärung, durch die er nicht lediglich einen rechtlichen Vorteil erlangt, der Einwilligung seines gesetzlichen Vertreters.

§ 108 Vertragsschluss ohne Einwilligung

(1) Schließt der Minderjährige einen Vertrag ohne die erforderliche Einwilligung des gesetzlichen Vertreters, so hängt die Wirksamkeit des Vertrags von der Genehmigung des Vertreters ab. [...]

§ 110 Bewirken der Leistung mit eigenen Mitteln („Taschengeldparagraf“)

Ein von dem Minderjährigen ohne Zustimmung des gesetzlichen Vertreters geschlossener Vertrag gilt als von Anfang an wirksam, wenn der Minderjährige die vertragsmäßige Leistung mit Mitteln bewirkt, die ihm zu diesem Zweck oder zu freier Verfügung von dem Vertreter oder mit dessen Zustimmung von einem Dritten überlassen worden sind.

§ 516 Begriff der Schenkung

(1) Eine Zuwendung, durch die jemand aus seinem Vermögen einen anderen bereichert, ist Schenkung, wenn beide Teile darüber einig sind, dass die Zuwendung unentgeltlich erfolgt. [...]

Bürgerliches Gesetzbuch (BGB) in der Fassung der Bekanntmachung vom 02.01.2002

Hinweis
Das BGB unterscheidet nicht zwischen Käufen im Laden und online auf einer Webseite.

AUFGABEN

1. Darf ich alles kaufen (**M1, M2**)?
   a) Übertrage die Tabelle in dein Heft.
   b) Entscheide in allen Situationen, ob die Aussagen zutreffen oder nicht.
   c) Begründe deine Entscheidung.
   d) Vergleicht eure Ergebnisse zu zweit.

Gesetzestexte verstehen

Worum geht es?

Gesetzestexte sind häufig auf den ersten Blick kaum zu verstehen, weil sie in Fachsprache formuliert sind. Sie beinhalten viele Regelungen, Bestimmungen und Fachbegriffe. Gesetzestexte sind immer gleich aufgebaut:
Sie haben eine Überschrift, ihr Anfang beginnt mit dem Paragrafenzeichen „§“ und eine weitere Unterteilung erfolgt in Absätzen mit Nummern in Klammern, z. B. (1). Mit den folgenden Schritten kannst du jeden Gesetzestext entschlüsseln:

Beispiel: Darf sich Tim (13) von seinem ersparten Taschengeld einen Computer kaufen? (M1, Fall b)
Betroffenes Gesetz / Artikel
„Taschengeldparagraf“: → §110 Bewirken der Leistung mit eigenen Mitteln (BGB)

Gehe dabei so vor:

1. Schritt: Themengebiet und unbekannte Begriffe klären

1. Was wird geregelt? Nenne den inhaltlichen Bereich, um den es geht.
   → Es geht um die Verwendung von Taschengeld ...
2. Kläre dir unbekannte Begriffe.
   → *Gesetzlicher Vertreter:* jemand, der rechtlich für einen anderen handeln darf. In der Regel sind das die Eltern, manchmal auch das Jugendamt.
   Vertragsmäßige Leistung: Produkt oder Dienstleistung, die gekauft wird

2. Schritt: Geltungsbereich eingrenzen

Wen betrifft die Regelung? Markiere in einer Farbe deiner Wahl, auf wen sich diese Regelung bezieht.
→ Der §110 (BGB) bezieht sich auf Minderjährige.

3. Schritt: Regelung / Bestimmung verstehen

Was sagt die Regelung genau aus? Markiere in einer anderen Farbe den konkreten Inhalt des Paragrafen und formuliere ihn in eigenen Worten. Meist kann die Regelung in Tatbestand und Rechtsfolge zerlegt werden. Dabei wird der Tatbestand mit „wenn“ eingeleitet und z. B. der Personengruppe, auf die sich die Regelung bezieht. Die Rechtsfolge erkennt man häufig, aber nicht immer, mit „so“.

→ *Tatbestand:* „Wenn der Minderjährige die vertragsmäßige Leistung mit Mitteln bewirkt, die ihm zu diesem Zweck oder zu freier Verfügung [...] überlassen worden sind.“
Rechtsfolge: „[...] Vertrag gilt als von Anfang an wirksam [...].“
Hier wird geregelt, ob bzw. wann ein Minderjähriger das Taschengeld ohne Zustimmung z. B. der Eltern ausgeben darf.
Ergebnis Fall Tim: Wenn Tim sich ohne Zustimmung seiner Eltern einen Computer kauft, muss er damit rechnen, dass der Verkauf auf Bitte seiner Eltern hin rückgängig gemacht wird.

Augen auf beim Onlinekauf

Ungewollte oder unüberlegte Einkäufe können schnell zu finanziellen Schwierigkeiten führen. Gerade bei Einkäufen im Internet solltest du deshalb einige Dinge beachten, bevor du auf den Bestellbutton klickst.

M3 Shopping – ganz einfach online

Blitzumfrage
Welche Produkte oder Dienstleistungen hat deine Familie in den letzten 4 Wochen online gekauft?

Delivery
aus dem Englischen: Lieferung

Discount
aus dem Englischen: Rabatt

Sale
aus dem Englischen: Verkauf/Ausverkauf

WIDERRUFSRECHT

Kundinnen und Kunden, die über das Internet eingekauft haben, haben das Recht, von ihrem Kauf zurückzutreten. Wenn sie die Ware erhalten haben, können sie 14 Tage lang das bestellte Produkt zurückschicken. Dazu müssen sie keine Gründe angeben. Kundinnen und Kunden dürfen das Produkt allerdings nicht benutzen. Sie dürfen es nur anschauen und prüfen.
Wenn der Wert unter 40 Euro liegt, muss man die Kosten für die Rücksendung selbst übernehmen, ansonsten werden sie vom Unternehmen übernommen. Ausnahme: Ein Onlineshop räumt dir das Recht zur Rückgabe ausdrücklich ein.

M4 Online einkaufen – ohne Altersbeschränkung?

Auch Kinder und Jugendliche haben heute regelmäßig Zugriff auf das Internet. Da Online-Händler das Alter ihrer Kunden für gewöhnlich nicht überprüfen, können diese leicht auch ohne Erlaubnis der Eltern online einkaufen. Allerdings gelten die Regeln über die Geschäftsfähigkeit und somit die über die Wirksamkeit von Verträgen mit Minderjährigen im Internet genauso [...].
Bei Bestellungen im Internet ist es [...] regelmäßig so, dass die Rechnung hinterher bezahlt wird. Das fällt [...] nicht unter den „Taschengeldparagraph". Daher müssen die Eltern bei Internet-Käufen entweder zuvor einwilligen oder das Geschäft nachträglich genehmigen. Erteilen sie keine Genehmigung, ist der Kaufvertrag unwirksam. [Dann] reicht es aus, wenn [Eltern] dem Unternehmen gegenüber erklären, dass sie die Genehmigung verweigern.

©Verbraucherzentrale: Geschäftsfähigkeit: Was dürfen Kinder im Internet einkaufen?, www.verbraucherzentrale.de, 07.11.2019

M5 Alexa, bestell mir ein Puppenhaus

Ein Puppenhaus im Wert von 150 Euro und mehrere Kilogramm Kekse. Das bestellte die sechsjährige Brooke aus den USA beim Spielen mit dem Echo-Dot-Gerät ihrer Mutter. Doch damit nicht genug. Als ein Radiosender darüber berichtete und die Worte des Mädchens wiederholte, löste dies Zuhause bei den Zuhörerinnen und Zuhörern der Radiosendung eine Massenbestellung an Puppenhäusern aus. Das Gerät konnte nicht unterscheiden, ob ein Familienmitglied oder wie in diesem Fall der Radiomoderator es mit seinem Namen angesprochen hatte. Das hätte verhindert werden können, denn die Geräte lassen sich sichern und die automatische Bestellfunktion ausschalten. Immer mehr dieser Geräte können außerdem Stimmen unterscheiden. Die vielen Puppenhausbestellungen konnten zum Glück kostenfrei zurückgegeben werden.

Basierend auf: Markwald, Nicole: „Alexa, bestell mir eine Puppenstube", www. Deutschlandfunk.de, 10.01.2017

AUFGABEN

1. Nenne Gründe, warum immer mehr Menschen online einkaufen (**M3**). MK
2. Erläutere, ob der Einkauf von Brooke in Deutschland rechtskräftig gewesen wäre (**M5**).
3. Stellt zu zweit Chancen und Risiken des Online-Shoppings gegenüber (**M3**, **M4**, **M5**).
4. Diskutiert in der Klasse, warum es Menschen gibt, die sich bewusst gegen das Online-Shopping entscheiden (**M3**, **M4**, **M5**).

H zu Aufgabe 2
Siehe dazu auch #Geschäftsfähigkeit auf S. 62

H zu Aufgabe 3
Berücksichtigt dabei sowohl die Perspektive der Verbraucherinnen und Verbraucher als auch der Unternehmen.

Einmal umtauschen bitte!?

Du hast gerade ein neues Gerät gekauft und schon ist es kaputt? Dir gefällt deine Ware zu Hause nicht mehr so gut wie im Laden? Händler können und müssen dir in diesen Fällen bestimmte Rechte einräumen. Doch Achtung: nicht immer wirst du die für dich beste Lösung vorgeschlagen bekommen.

M6 Der feine Unterschied zwischen Gewährleistung und Garantie

Gewährleistung

Gewährleistung ist die gesetzliche Verpflichtung, eine Sache oder ein Werk mangelfrei an den Käufer zu übergeben.

Die Bedingungen sind im Gesetz geregelt.

Die Gewährleistungsdauer beträgt meist 2 Jahre.

Gewährleistungsansprüche bestehen nur bei Sach- und Rechtsmängeln, nicht bei selbstverschuldeten Defekten.

Garantie

Garantie ist eine private Vereinbarung, die bestimmte Eigenschaften, Beschaffenheiten und Haltbarkeit einer Ware verspricht.

Die Bedingungen bestimmt der Verkäufer oder Hersteller selbst.

Die Garantiedauer kann der Verkäufer oder Hersteller selbst bestimmen.

Garantieansprüche ergeben sich aus den vom Verkäufer oder Hersteller bestimmten Garantiebedingungen.

©BMJV: Garantie und Gewährleistung, www.bmjv.de, Abruf am 05.05.2020

Erklärfilm zu Garantie und Gewährleistung

Mediencode: 82251-09

Hinweis:
Beim Onlinekauf darfst du innerhalb von 14 Tagen deine Ware zurücksenden, ohne einen Grund anzugeben. Die Ware darf aber nicht beschädigt sein. Meistens musst du den Rückversand bezahlen.

M7 Ware umtauschen?

1.

2.

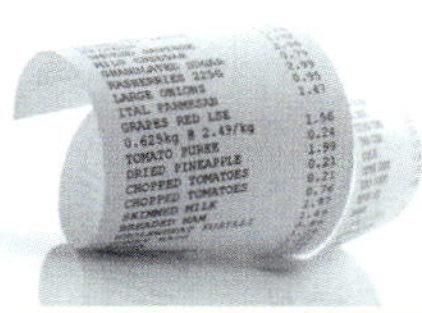

3.

4.

5.

KULANZ

Kulanz ist ein Entgegenkommen oder eine Gefälligkeit des Händlers, auf die du als Käuferin oder Käufer keinen rechtlichen Anspruch hast.
Händler tauschen z. B. Ware aus Kulanz um oder reparieren sie auf eigene Kosten, obwohl die Gewährleistung bereits abgelaufen ist. Dies tun sie unter anderem, um dich als treuen Kunden zu behalten.

M8 Falsche oder kaputte Ware: Das kann schon mal passieren!

1 Philipp hat sich vor einem Jahr bei dem Fachhändler seines Vertrauens Kopfhörer gekauft. Seit gestern hat er nur noch auf einer Seite Ton. Die Garantie des Herstellers ist bereits abgelaufen, dennoch hofft er auf die Kulanz des Händlers.

2 

Merle hat sich online ein neues Objektiv für ihre Kamera gekauft. Beim Auspacken stellt sie fest, dass sie das Falsche bestellt hat.

3 Janosch hat die erst gestern gekaufte Vase seiner Eltern fallen lassen. Mit den Scherben geht er zum Händler und möchte eine neue haben.

4 

Lukas entdeckt beim Putzen seines Rades, dass sich ein Riss im Rahmen gebildet hat. Er hat noch Garantie auf das Rad. Der Händler will es aber nicht umtauschen.

AUFGABEN

1. Erkläre den Unterschied zwischen Garantie und Gewährleistung (**M6**).
2. Beschreibe, wie du die besten Chancen auf einen Umtausch deiner Ware hast (**M7**).
3. Das kann schon mal passieren (**M8**).
   a) Benenne, welche Form des Umtauschs in den Beispielen in Frage kommt.
   b) Erläutere, ob der Umtausch gelingen kann.
4. Rollenspiel: Umtausch an der Kasse. Spielt verschiedene Umtausch-Situationen in der Klasse nach (z. B. keinen Kassenbon dabei, keine Verpackung dabei, alles Wichtige ist vor Ort etc.).

H **zu Aufgabe 3**
Siehe dazu auch **M7** und #Kulanz

VERBRAUCHERSCHUTZ: WELCHE RECHTE HABE ICH?

KINDER UND JUGENDLICHE DÜRFEN ALLEINE NICHT ALLES KAUFEN

← M1, M2

Kinder und Jugendliche sind nicht immer in der Lage, ihr Handeln richtig einzuschätzen. Deshalb schränkt das Bürgerliche Gesetzbuch (BGB) unter anderem einige Rechte von Kindern und Jugendlichen ein. Kein Kind unter 7 Jahren darf alleine kaufen, was es möchte. Ab 7 Jahren dürfen Kinder und Jugendliche alleine entscheiden, was sie kaufen möchten, sofern sie nur ihr Taschengeld dafür verwenden. Ansonsten müssen die Eltern einem Kauf zustimmen. Ab 18 Jahren bist du voll geschäftsfähig, kannst kaufen was du möchtest, ohne eine Erlaubnis zu benötigen.

RECHTE UND PFLICHTEN BEIM EINKAUF

← M3-M5, M6-M8

Wenn du z. B. ein Produkt kaufst oder eine Dienstleistung in Anspruch nimmst, gibt es Verpflichtungen, die für beide Seiten genau festgeschrieben sind. Hierzu zählt z. B. der Umtausch oder das zurückgeben von Produkten. Dir dürfen keine beschädigten Waren verkauft werden. Falls es doch passiert, muss der Händler sie zurücknehmen. Anders herum darfst du keine mutwillig von dir beschädigte Ware umtauschen. Es gibt auch Händler, die beim Umtausch über ihre Verpflichtungen hinausgehen. Das tun sie freiwillig, auf ihre Kosten und sollte als Wertschätzung verstanden werden. Das nennt man Kulanz.

BESONDERHEIT BEIM EINKAUFEN IM INTERNET

← M3-M5

Immer mehr Menschen nutzen heute die Möglichkeiten des Online-Shoppings. Im Internet einkaufen ist schnell, bequem und kann sogar mündlich über eine Echo-Dot-Box erfolgen. Beim Kauf im Internet gelten ähnliche rechtliche Regelungen wie beim Kauf im Laden. Sowohl die Altersbeschränkungen beim Einkaufen, als auch der Schutz durch ein Widerrufsrecht stärken die Rechte der Verbraucherinnen und Verbraucher. Gleichzeitig müssen aber auch mögliche Risiken bedacht werden, da es im Internet auch Fakeshops (betrügerische Websites) oder wenig vertrauenswürdige Anbieter gibt, die das Geld abbuchen, aber keine Waren liefern.

M1 Einen Traum erfüllen

Jonas wurde gestern 13. Zu seinem Geburtstag bekam er von seinen Eltern und Verwandten Geld geschenkt – für einen Wunsch, den er sich schon immer erfüllen wollte, wie sie ihm versicherten. Er ist sehr glücklich darüber! Was keiner weiß: Jonas spart seit mehreren Monaten auf ein Smartphone. Nicht irgendein Smartphone, nein, es soll das gleiche sein, wie es sein Lieblings-Instagram-Star besitzt. Er sagt in Videos immer wieder, wie „hammer zufrieden er mit diesem Gerät ist". Das Gerät ist allerdings alles andere als günstig, aber das ist Jonas egal. Am nächsten Tag geht er in ein Geschäft und erfüllt sich seinen Traum. Er kauft sich das Smartphone.

Als er nach Hause kommt, zeigt er es voller Stolz seinen Eltern. Sie freuen sich nicht mit ihm. Im Gegenteil, sein Vater ist entsetzt, und auch seine Mutter guckt sehr ernst. Sein Vater behauptet sogar, dass er das Smartphone nicht ohne seine Eltern hätte kaufen dürfen und fordert Jonas auf, es mit ihm gemeinsam im Geschäft zurückzugeben.

Jonas ist wütend, er versteht die Welt nicht mehr! Gestern haben sie ihm noch Geld für einen lang ersehnten Wunsch geschenkt ...

Aufgaben

1. Warum möchte Jonas das gleiche Smartphone kaufen wie sein Lieblings-Instagram-Star? MK
2. Jonas' Vater sagt, Jonas muss das Smartphone zurückgeben. Hat er Recht? Überprüfe die Aussage auf der Grundlage der Geschäftsfähigkeit.

Im Laufe des vorangegangenen Kapitels hast du dich mit deiner Rolle als Verbraucher oder Verbraucherin beschäftigt. Schätze ein, wie sicher du dich in den folgenden Bereichen auskennst.

Ich kann ...	Das klappt schon ...	Hier kann ich noch üben ...
... Faktoren nennen, die meine Kaufentscheidung beeinflussen.		Kapitel 3.1: M1-M12
... die Funktion und Wirkung von Werbung beschreiben.		Kapitel 3.1: M5-M8
... erläutern was ein Markenprodukt ist und wie Marken Einfluss auf das Kaufverhalten nehmen.		Kapitel 3.1: M13-M15
... die Schritte zu einer guten Kaufentscheidung beschreiben.		Kapitel 3.1: M2, M4
... Herkunft und Funktion von Geld erklären.		Kapitel 3.2: M1-M6
... einen Haushaltsplan erstellen.		Kapitel 3.2: M7-M9, M12
... erklären, welche Wege in die Schuldenfalle und wieder hinausführen.		Kapitel 3.2: M13-M17
... beschränkte Geschäftsfähigkeit an einem Beispiel beschreiben.		Kapitel 3.3: M1-M2
... Vor- und Nachteile von Online-Einkäufen nennen.		Kapitel 3.3: M3-M5
... den Unterschied zwischen Garantie und Gewährleistung beschreiben.		Kapitel 3.3: M6

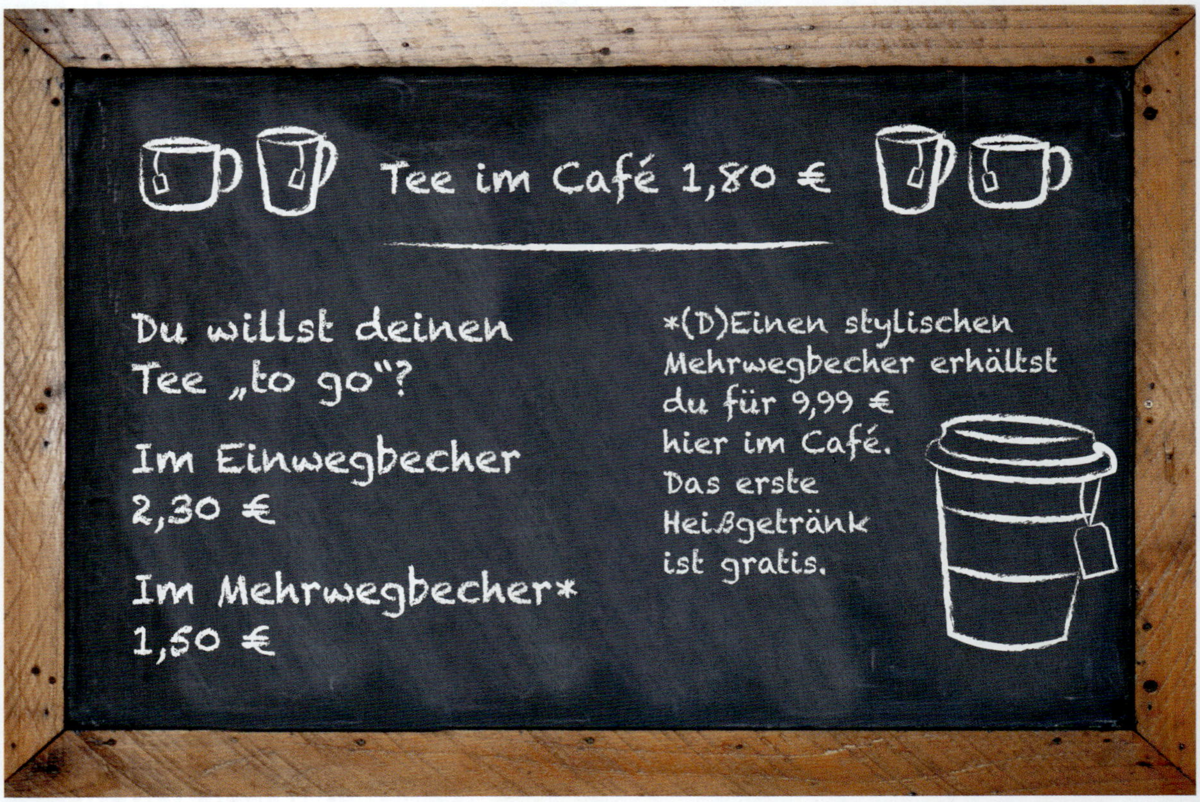

Was weißt du schon?

1. Entscheide, welches Angebot würdest du wählen?
2. Begründe deine Auswahl.
3. Diskutiert, warum das Café den Tee im Mehrwegbecher günstiger anbietet.

4

#Wirtschaft und Nachhaltigkeit – geht das zusammen?

Nachhaltigkeit – dieser Begriff ist dir sicherlich auch schon oft begegnet. Viele Menschen wollen ruhigen Gewissens ihre Produkte kaufen. Ob fair gehandelter Kakao oder Gemüse ohne Plastikverpackungen. Doch was kannst du noch tun, um nachhaltig zu leben? Was heißt Nachhaltigkeit überhaupt? Und wer setzt sich alles für eine nachhaltige Entwicklung ein?

Was lernst du in diesem Kapitel?

... zu beurteilen, was Nachhaltigkeit bedeutet und unter welchen Aspekten Nachhaltigkeit betrachtet werden kann.

... darzustellen, welche Auswirkungen unser Konsumverhalten auf unsere Umwelt und das Klima hat.

... zu erklären, was Recycling und Upcycling sind und warum es wichtig ist, Ressourcen mehrfach zu nutzen.

... zu beschreiben, welchen Beitrag Konsumentinnen und Konsumenten zum Klimaschutz leisten können.

... zu erläutern, was die Ziele der Vereinten Nationen für nachhaltige Entwicklung sind.

... zu beschreiben, wie unterschiedlich die Lebenssituationen von anderen Kindern und Jugendlichen auf der Welt sind.

Eine Diskussion am runden Tisch zum Thema „nachhaltiger Konsum" führen

Als Konsumentinnen und Konsumenten habt ihr es in der Hand. Wenn ihr Produkte aus bestimmten Gründen nicht kaufen wollt, bleiben diese in den Regalen der Geschäfte liegen. Die Unternehmen erhalten für nicht verkaufte Ware kein Geld. Tun es euch viele Kunden gleich, ist es sehr wahrscheinlich, dass sie dieses Produkt aus ihrem Sortiment (Angebot) nehmen. Sie ersetzen es dann durch ein Produkt, das eher auf die Wünsche der Konsumenten ausgerichtet ist. Doch was wollen Konsumentinnen und Konsumenten und was brauchen Unternehmen eigentlich? Findet es heraus! Führt in der Klasse Gespräche am runden Tisch!

Geht dabei so vor:

1

- Arbeitet zunächst in Partnerarbeit.
- Entscheidet euch für die wichtigsten Fragestellungen und Inhalte des Kapitels. Nicht vergessen solltet ihr:
  - Kapitel 4.1: M1-M2, M5, M12, M14, M17, M19, M20, M21
  - Kapitel 4.2: M1-M3, M5-M6, M10, M12-M13, M15
  - Kapitel 4.3: M1, M2
- Für das Gespräch am „runden" Tisch ist es hilfreich, die Grundwissen-Seiten dieses Kapitels gelesen zu haben.

2

- Findet euch nun in Sechsergruppen zusammen.
- Bringt mehrfach verpackte und verschlossene Produktpackungen und deren Inhalt mit (z. B. Müsliriegelpaket, Kopfhörer). Wählt drei Produktpackungen aus, in denen der Inhalt unnötig viel verpackt ist.

! Achtet darauf, dass keine schnell verderblichen Lebensmittel mitgebracht werden. **!**

3

Teilt eure Gruppen wie folgt auf:
- Vertreter der Unternehmen, die die Produkte hergestellt und verpackt haben
- Umweltbewusste Konsumentinnen und Konsumenten

4

- Diskutiert in den Rollen (Unternehmervertreter, Konsumenten), ob und wie die Produkte neu verpackt werden könnten.
- Die folgenden Fragen können euch helfen:
  - Wird die Verpackung jetzt teurer?
  - Kann ich mehr Ware transportieren?
  - Wie kann ich möglichst viel Verpackung einsparen?
  - Ist die Verpackung recyclebar?
  - Inwiefern können wir auf Verpackungen verzichten?

5

- Entwickelt gemeinsam Vorschläge für neue Verpackungsarten und haltet diese auf einem Poster fest. Ihr könnt z. B. Skizzen, eine Mindmap oder Collagen anfertigen.
- Vergleicht die alten Produktpackungen mit euren neu entwickelten Ideen.

6

Präsentiert den anderen Gruppen eure innovativen Verpackungslösungen und stellt Vorteile gegenüber der ursprünglichen Verpackung deutlich heraus.

7

Diskutiert abschließend in der Klasse:
- Was könnt ihr als Konsumentinnen und Konsumenten zur Vermeidung von Verpackungsmüll im Alltag beitragen?
- Welche positiven Auswirkungen hätte weniger Verpackungsmüll auf die Umwelt?

4.1 Ist nachhaltiges Wirtschaften notwendig?

Was bedeutet Nachhaltigkeit?

Ob in deiner Stadt oder aus der Zeitung, sicherlich kennst du die Fridays-for-Future Bewegung. Vielleicht bist du selbst auch Teil dieser Bewegung und setzt dich aktiv für den Klimaschutz ein? Nachhaltig zu leben und zu konsumieren ist der wichtigste Baustein im Klimaschutz. Aber was bedeutet Nachhaltigkeit eigentlich?

M1 Auf Zeitreise – 1713

Hans-Carl von Carlowitz gilt als Begründer der Nachhaltigkeit. Er lebte in einer Zeit, als in Europa großer Holzmangel herrschte. Damals war Holz der wichtigste Rohstoff. Er wurde als Baustoff, zum Heizen und zum Kochen verwendet. Das Problem bestand darin, dass alle Bäume fällten, aber niemand Bäume nachpflanzte. Holz wurde somit zunehmend zur Mangelware. Carlowitz verfasste daraufhin Ratschläge zur Bewirtschaftung von Wäldern. Er schlug eine „nachhaltende Nutzung" der Wälder durch planmäßige Bewirtschaftung vor. Auf jeden geschlagenen Baum würde ein neuer Baum gepflanzt werden. Wer hätte gedacht, dass dieses einzelne Wort „nachhaltend" heute, in Form von „nachhaltig" in aller Munde sein würde?

Hans-Carl von Carlowitz lebte von 1645 bis 1714.

M2 Auf Zeitreise – 2019

Wer ist Greta Thunberg?

Mediencode: 82251-10

Greta Thunberg ist Klimaaktivistin.

Heute, über 300 Jahre später, gehen weltweit Kinder und Jugendliche auf die Straße, weil sie auf die Bedrohung durch den Klimawandel aufmerksam machen wollen. Unter dem Motto „Fridays-for-Future" streiken sie gemeinsam für eine bessere Klimapolitik. Klimaforscherinnen und -forscher fordern eine nachhaltigere Lebensweise der Erdbevölkerung sowie eine nachhaltigere Produktion der Industrie.

NACHHALTIGKEIT

Nachhaltigkeit beschreibt ein Denkprinzip. Es basiert darauf, dass Menschen auf wirtschaftlicher, ökologischer und sozialer Ebene verantwortungsvoll Handeln und mit den zur Verfügung stehenden Ressourcen schonend umgehen.

Ebene	**Beispiel**
Wirtschaftliche (ökonomische) Ebene	Verpackungsreduzierung eines Produkts
Umwelt (ökologische) Ebene	Naturschutzzonen einrichten
Soziale Ebene	Produkte regionaler Unternehmen kaufen

Nachhaltigkeit kurz erklärt

Mediencode: 82251-11

M3 Nachhaltigkeit kann unterschiedlich betrachtet werden

Die Wirtschaft sollte wachsen und Ressourcen geschont werden.

Ökonomische Sicht

Das Klima darf sich nicht weiter verändern und die Natur muss sich erholen!

Ökologische Sicht

Nachhaltig zu wirtschaften ist wichtig. Arbeitsplätze sollten dadurch nicht gefährdet werden.

Soziale Sicht

AUFGABEN

1. Beschreibe, woher der Begriff Nachhaltigkeit ursprünglich kommt (**M1**).
2. Erstellt eine Mindmap zum Thema „nachhaltiges Leben“ (**M2**).
3. Sammelt zu zweit Ideen, wie Unternehmen nachhaltiger sein können. Versucht dabei ökonomische, ökologische und soziale Aspekte zu berücksichtigen (**M3**).
4. Diskutiert in der Klasse:
   a) Ist es notwendig nachhaltiger zu leben?
   b) Was heißt für euch „nachhaltig leben“?
   c) Trägt die Fridays-for-Future Bewegung dazu bei, unsere Welt nachhaltiger zu machen?

Was passiert mit dem Klima, wenn sich nichts ändert?

Es gibt eine Menge Gründe dafür, warum sich das Klima ändert. Gründe hierfür sind die Art und Weise, wie wir Produkte herstellen und wie wir mit ihnen und mit anderen Dienstleistungen umgehen.

M4 Wirtschaften kostet

M5 Alles hat seinen Preis?

In allen neuen Produkten, die du kaufst, stecken jede Menge Energie und Rohstoffe. Je aufwändiger das Produkt, umso mehr Rohstoffe und Energie waren nötig, um dein Produkt herzustellen. Dazu zählt auch die benötigte Energie, um alle Materialien an den Ort zu bringen, wo am Ende deine Uhr, Blu-Ray, Schuhe oder Smartwatch gefertigt werden. Selbst in scheinbar einfachen Lebensmitteln wie Käse, Obst, Gemüse und ganz besonders Fleisch wurden viel Energie und Rohstoffe investiert, bis sie vor dir auf dem Teller liegen. Das ist dir meist gar nicht bewusst.

Bei der Herstellung, dem Verpacken, dem Transport und der Nutzung werden außerdem giftige Gase (z. B. CO_2) freigesetzt, die dem Klima schaden. Sie werden auch Treibhausgase genannt und sind der Hauptverursacher für die Klimaerwärmung.

M6 Die weltweit größten CO_2 Produzenten und Deutschland im Vergleich

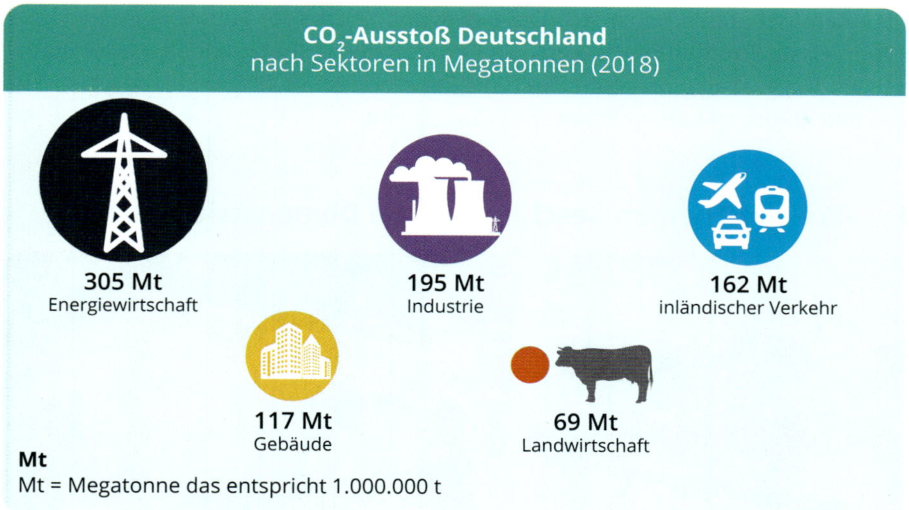

Zahlen nach: ©UBA: Entwicklung und Zielerreichung der Treibhausgas-Emissionen in Deutschland in der Abgrenzung zu den Sektoren des Klimaschutzplanes 2050, www.umweltbundesamt.de, 2020

Staaten-(gemeinschaft)	CO_2 Ausstoß
China	10900 Mt
USA	5100 Mt
Europäische Union	3500 Mt
Russland	1800 Mt
Indien	2500 Mt
Deutschland	800 Mt

Zahlen nach: Muntean, Marilena at al.: Fossil CO_2 emissions of all world countries – 2018 Report, EUR 29433 EN, Publications Office of the European Union, Luxembourg, 2018

M7 Das Klima im Wandel

1

2

AUFGABEN

1. Beschreibe die Abbildung **M4** und nenne Gründe dafür, warum die Erde so dargestellt wurde.
2. Skizziere den Zusammenhang zwischen deinem Kaufverhalten und den Abbildungen (**M4**, **M7**).
3. Ordne die CO_2-Ausstoßmengen Deutschlands der Größe an (**M6**). Welchen Beitrag kann deine Familie leisten, den Ausstoß an CO_2 innerhalb der Sektoren zu verringern?
4. Beschreibe die Abbildungen (**M7**). Welche Klimafolgen kannst du erkennen?

F **zu Aufgabe 2**
Erkläre den Zusammenhang zwischen **M4**, **M5**, **M6** und **M7**.

Wie verändert sich das Klima?

In vielen deutschen Städten und in mehr als 120 Ländern weltweit wurde im Jahr 2019 für den Klimaschutz demonstriert. Die Bewegung Fridays-for-Future wurde von der Schülerin Greta Thunberg ausgelöst. Ein Großteil der Teilnehmenden waren Kinder und Jugendliche. Weißt du, warum sich die Jugendlichen so für den Klimaschutz einsetzen und was es mit dem Klimawandel auf sich hat?

M8 Welche Themen beschäftigen die Demonstrierenden?

Plakate von verschiedenen Demonstrationen der Schülerproteste Fridays-for-Future aus dem Jahr 2019.

M9 Die Erde wärmt sich auf

a) Der Treibhauseffekt im Bild

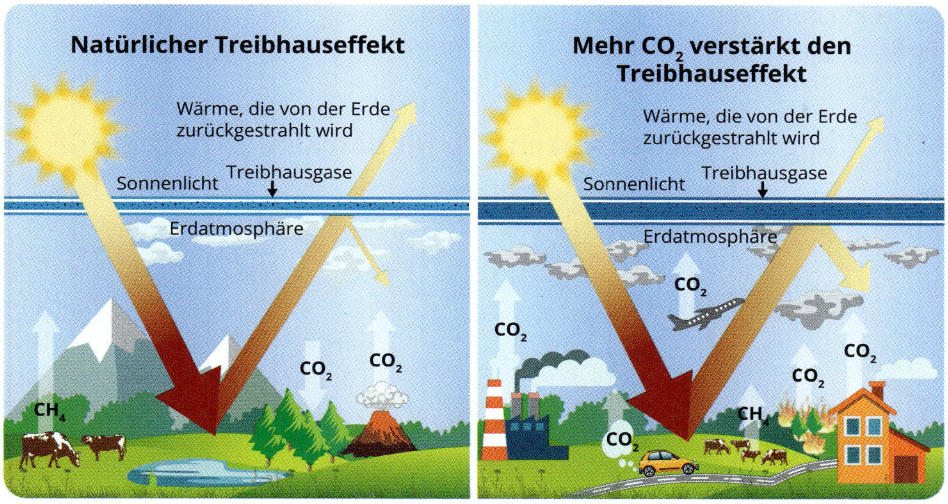

b) Der Mensch verändert das Klima

Wahrscheinlich hast du schon vom Treibhauseffekt gehört. Der natürliche Treibhauseffekt ist sinnvoll, denn er macht das Leben auf der Erde überhaupt erst möglich. Ohne ihn wäre die Erde so kalt, dass das Leben hier keine Chance hätte.

In der Atmosphäre, das ist die Lufthülle, die die Erde umgibt, wirken verschiedene Gase wie die Glasscheiben eines Treibhauses: Sie lassen die Sonnenstrahlen herein und halten einen Teil der Wärme im Inneren fest. So gesehen übernimmt der natürliche Treibhauseffekt die Aufgabe einer Klimaanlage.

Leider ist diese durch unseren gestiegenen Energieverbrauch aus dem Gleichgewicht geraten. Der Mensch pustet so viele Schadstoffe in die Atmosphäre, dass sie immer undurchlässiger wird und überschüssige Wärme deshalb nicht mehr ins All entweichen kann.

Wenn Wissenschaftler heute vor Klimaveränderungen warnen, sprechen sie von der Klimaerwärmung, die vom Menschen verursacht wird. Wir sind verantwortlich dafür, dass sich das Klima immer schneller verändert und die Erde sich aufheizt.

Schneider, Gerdl/Toyka-Seid, Christiane: Das junge Politik-Lexikon von www.hanisauland.de, Bonn: Bundeszentrale für politische Bildung, abgerufen am 20.01.2020

Treibhaus
lichtdurchlässiges Gewächshaus, in dem sich Wärme speichert

AUFGABEN

1. Welche Probleme werden auf den Plakaten angesprochen (**M8**)? Erstelle eine Mindmap.
2. Arbeite mit einem Partner: Welchen Unterschied erkennst du auf den Bildern (**M9a**)? Beschreibt euch mündlich die zwei Formen des Treibhauseffekts.
3. Erkläre, warum der Treibhauseffekt zum Problem wird und die Temperatur auf der Erde ansteigt (**M9**).

H zu Aufgabe 2
Verwende die Begriffe Sonnenlicht, Wärme, Erdboden, Erdatmosphäre und Temperatur.

Was geht uns das Klima an?

Greta Thunberg ist die bekannteste Klimaaktivistin der Welt – aber nicht die einzige! Auf jedem Kontinent, ja, in jedem Land der Welt gibt es junge Menschen, die sich für die Rettung des Klimas einsetzen.

M10 Junge Menschen setzen sich für den Klimaschutz ein

Kevin Patel, 18, USA

„Ich engagiere mich in der Klimabewegung, weil ich direkt betroffen bin. Ich lebe in Los Angeles, in keiner anderen Stadt in den USA ist die Luftverschmutzung schlimmer. Öl-Raffinerien stehen fast in unserem Garten. Ich komme aus einer Familie, die als arm gilt. Ich bin krank geworden. Ich vermute, dass die extreme Luftverschmutzung schuld an meinen Herzproblemen ist. Das ist ein direkter Effekt des Klimawandels. […]"

Denkler, Thorsten: „Wir dürfen nicht vergessen werden. Wir sind da.", www.sueddeutsche.de, 27.09.2019

Catarina Lorenzo, 17, Brasilien

„Ich surfe seit ich 12 Jahre alt bin. Nachdem ich viele Stunden auf See verbracht habe, habe ich den Temperaturanstieg und die Auswirkungen des fehlenden Regens auf meine Stadt gespürt. Zum ersten Mal ist mir der Klimawandel bewusstgeworden, als ich schwimmen ging und das Wasser so heiß war, dass ich es nicht ertragen konnte. In diesem Moment fragte ich mich, wie die Meerestiere das aushalten könnten? Da war ich 9 Jahre alt."

Basierend auf: Tasca, Lorena: 4 jóvenes activistas latinoamericanos que tus estudiantes DEBEN conocer, www.eligeeducar.cl, 04.11.2019

Sara Langeveld, 17, Niederlande

„Ich komme aus Delft. Die Stadt liegt unterhalb des Meeresspiegels. Wenn die Meeresspiegel weiter steigen, wird es uns eine Menge Geld kosten, immer höhere Dämme und Deiche zu bauen. Das Geld sollten wir besser einsetzen, um heute den Klimawandel zu stoppen. Zum Beispiel durch erneuerbare Energien."

Denkler, Thorsten: „Wir dürfen nicht vergessen werden. Wir sind da.", www.sueddeutsche.de, 27.09.2019

Carson Kiburo, 28, Kenia

„[Ich komme aus einem kleinen Dorf in Kenia. Der Klimawandel ist hier bereits stark zu spüren.] Die Regenzeiten sind viel zu kurz [...]. Hitzeperioden nehmen zu. Die Trockenphasen werden länger. Das Land versteppt, wird zur Wüste. Die Bauern haben nichts mehr, was sie anbauen können. Um etwas Geld zu verdienen, fällen die Leute Bäume, um daraus Kohle zu machen. Was alles noch schlimmer macht. [...]. Sie kämpfen schlicht um ihr Leben. [Und das alles, obwohl die 1,5 Grad Grenze noch nicht einmal überschritten ist.]"

Ebd.

Nanoua Lilivau Ewekia, 20, Tuvalu

„Unser Land gehört zu den kleinsten der Erde. [...]. Wir dürfen nicht vergessen werden. [...]. Wir haben keine großen Fabriken. [...] Wir haben keine Rohstoffe. Wir sind nicht viele Menschen. Aber unser Land ist dabei, einfach zu verschwinden. In den vergangenen 18 Jahren haben wir mehr Stürme, mehr Überflutungen erlebt als je zuvor. Wir haben bereits zwei Inseln verloren. [...] Mit jeder Insel stirbt ein Stück unserer Kultur. Irgendwann wird es Tuvalu nicht mehr geben."

Ebd.

AUFGABEN

1. Lies die Texte und nenne die möglichen Folgen des Klimawandels, die die jungen Aktivistinnen und Aktivisten beschreiben (**M10**).
2. Erörtert zu zweit, ob und wie man die genannten Folgen bekämpfen kann. Sammelt dazu erste Ideen.
3. Diskutiert in der Klasse, ob die verschiedenen Klimaaktivistinnen und -aktivisten unterschiedlich stark vom Klimawandel betroffen sind. Kennt ihr selbst auch Jugendliche, die sich gegen den Klimawandel engagieren?

Wiederholen ist gestohlen? Nicht immer ...

Wenn du etwas in den Müll wirfst, unterscheidest du zwischen Glas, Papier, Verpackungs-, Bio- und Restmüll. Ist der Deckel der Tonne einmal zu, ist der Müll zwar aus den Augen, aber noch lange nicht weg.

M11 Mülltonnen: Vier für Vieles, statt eine für Alle

M12 Warum Müll trennen?

Recycling-Kreislauf

Mediencode: 82251-12

Tonnen in verschiedenen Farben helfen dir bei der Mülltrennung. Wir trennen Müll, um ihn besser recyceln zu können und um weniger Müll verbrennen zu müssen. Recycling bedeutet so viel wie Kreislauf, also das Wiederverwerten von Abfällen. Weil nicht alle Rohstoffe extra abgebaut werden müssen, wird die Umwelt geschont. Altes Glas wird eingeschmolzen und neu geformt. Aus Altpapier werden frische Papierbögen und Gartenabfälle werden zu nährstoffreicher Erde. Bei Plastikmüll ist es komplizierter. Es gibt viele verschiedene Arten von Plastik, die oft miteinander verbunden sind. Deine Pfandflaschen werden eingeschmolzen, aber der Inhalt aus der Wertstofftonne wird meistens verbrannt. Das ist besonders ungünstig, weil die meisten Plastiksorten aus Erdöl gewonnen werden, dessen Vorkommen in absehbarer Zeit aufgebraucht sind. Außerdem werden bei der Verbrennung große Mengen von klimaschädlichen Stoffen ausgestoßen.

NATÜRLICHE RESSOURCEN

Natürliche Ressourcen sind vor allem Rohstoffe wie Erdöl, Gas, Gestein, Sand und Holz. Sie sind notwendig, um Dinge herzustellen, die unseren heutigen Lebensstandard ermöglichen.
Einige der Ressourcen können von der Erde nicht nachproduziert werden, sie werden fossile Ressourcen genannt. Dazu zählen z. B. Erdöl und Erdgas. Nachhaltige Ressourcen wie Holz oder Gras erneuern sich nach einer bestimmten Zeit und sind weniger belastend für die Umwelt.

M13 Wirtschaftszweig Recycling

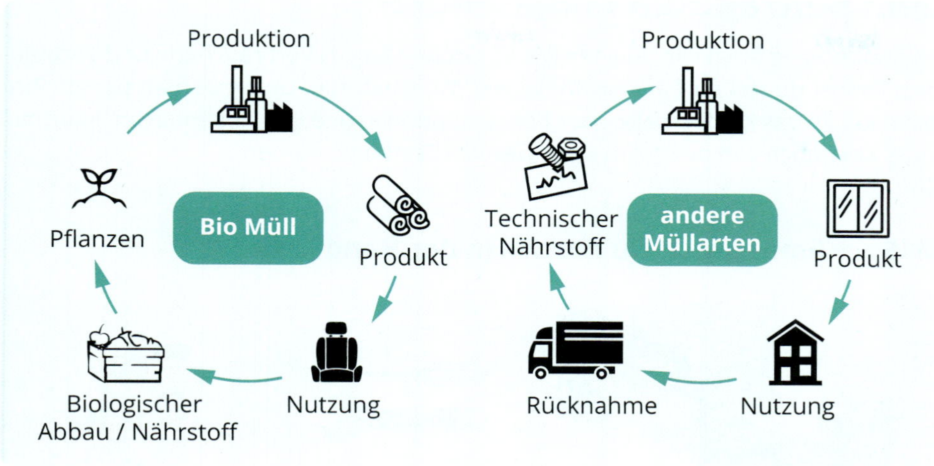

M14 Neue Materialien, alte Probleme

Viele kluge Köpfe forschen und entwickeln zum Thema Verpackungen aus nachwachsenden Rohstoffen. Hierzu werden vor allem Blätter und Holzreste verwendet. Doch auch hier wird für die Herstellung viel Energie und vor allem Wasser benötigt.

Manche Verpackungen bestehen zwar aus nachwachsenden Rohstoffen, diese sind dann aber mit Klebstoffen so miteinander verbunden, dass sie sich später nicht recyceln lassen. Am besten ist es Müll zu vermeiden. Wenn weniger Verpackungen hergestellt werden, spart das am meisten Energie und Ressourcen.

AUFGABEN

1. Ordne die Abfälle den richtigen Tonnen zu (**M11**).
2. Warum Müll trennen (**M12**)?
   a) Erkläre, warum es wichtig ist, Müll zu trennen.
   b) Erläutere, was mit dem Müll aus der Tonne passiert (**M12**, **M13**).
3. Nenne Gründe, warum Unternehmen Rohstoffe recyceln.
4. Beziehe Stellung zu folgender Aussage: „Der beste Müll ist der, der nicht entsteht" (**M12**, **M13**, **M14**).
5. Beschreibe, wie du im Alltag weniger Müll verursachen kannst.

F zu Aufgabe 2
Stelle Vermutungen an, wieso es für die Abfallwirtschaft gut ist, wenn du deinen Müll trennst.

Nachhaltiger Konsum: dein Beitrag zum Klimaschutz?

Veränderungen fangen im Kleinen wie im Großen an. Als Verbraucherin und Verbraucher kannst du viel für eine nachhaltigere Wirtschaft tun. Unternehmen passen ihre Produkte an das Kaufverhalten der Konsumentinnen und Konsumenten an. Manches muss aber auch von der Politik über Gesetze bestimmt werden.

M15 Klimaschutz: Du hast es in der Hand ...

M16 ... und auf dem Fuß

Alles, was wir kaufen und tun, benötigt Ressourcen. Der ökologische Fußabdruck ist ein Modell. Es zeigt dir, wie viele Ressourcen die Welt zur Verfügung hat und wie viele für unseren Lebensstil benötigt werden. Weltweit liegt der Ressourcenverbrauch der Menschheit bei 2,8 gha, in Deutschland sogar bei 4,9 gha pro Person. Die Erde hat aber nur 1,7 gha zur Verfügung. Das bedeutet, wenn alle Menschen so leben würden wie die Deutschen, dann bräuchten wir drei Erden und nicht nur eine.

gha
= globaler Hektar. Einheit des Modells. 1 Hektar (ha) beträgt 10000 m²

Mediencode: 82251-13

NACHHALTIGER KONSUM

Nachhaltiger Konsum bedeutet, dass Verbraucherinnen und Verbraucher beim Kauf, bei der Nutzung und bei der Entsorgung von Produkten und Dienstleistungen auf die sozialen und umweltbezogenen Auswirkungen achten.
Konsum ist dann nahhaltig, wenn er „den Bedürfnissen der heutigen Generation entspricht, ohne die Möglichkeiten künftiger Generationen zu gefährden, ihre eigenen Bedürfnisse zu befriedigen“ und ihren Lebensstil zu wählen.
Weltkommission für Umwelt und Entwicklung, 1987

M17 Nachhaltige Wirtschaft gestalten

Günstigere Bahntickets, starker Ausbau des Schienennetzes und des ÖPNV

Steuern auf spritfressende PKW, stärkere Förderung von Elektroautos

Verbot von Ölheizungen ab 2026

Kohleausstieg und schnellerer Ausbau erneuerbarer Energien

Weniger klimaschädliche Schadstoffe in der Tierhaltung

©Bundesministerium für Umwelt, Naturschutz und nukleare Sicherheit: Infografik – Maßnahmen für mehr Klimaschutz, www.bmu.de, Abruf am 31.01.2020

M18 Wenn ich Politikerin wäre …

Wenn ich Politikerin wäre, dann würde ich …

AUFGABEN

1. a) Beschreibe die Bilder (**M15**).
   b) Nenne Möglichkeiten, wie du nachhaltiger konsumieren kannst.
   c) Erkläre den Begriff nachhaltiger Konsum (**#nachhaltiger Konsum**).
2. a) Ermittle deinen ökologischen Fußabdruck (**M16**).
   b) Erläutere, was der ökologische Fußabdruck ist.
   c) Erörtere, wie du deinen ökologischen Fußabdruck reduzieren kannst.
3. Stelle dir vor, du bist Politikerin oder Politiker und du dürftest drei Gesetzesvorschläge zum Klimaschutz abgeben (**M17, M18**).
   a) Benenne die Gesetze.
   b) Erläutere ihre Funktion oder ihren Inhalt.
   c) Diskutiert eure Vorschläge in der Klasse.

F Stelle Vermutungen an, warum du als Verbraucherin/Verbraucher nicht alle Maßnahmen für den Klimaschutz selbst umsetzen kannst (**M15, M16, M17**).

Wir haben nur eine Erde – was kannst du zu ihrem Schutz beitragen?

Es gibt keinen Plan(et) B und deshalb gibt es verschiedene Strategien, wie du zum Schutz der Ressourcen, der Umwelt und somit auch der Erde beitragen kannst. Diese Strategien beziehen sich auf die unterschiedlichsten Lebensbereiche und Versorgungsarten. Aber mach dir dein eigenes Bild …

M19 Viele Menschen – viele Ideen zur Rettung der Welt

„Reparieren statt wegwerfen und dann neu kaufen" heißt mein Motto. Deshalb habe ich ein Repair-Café eröffnet. Hier treffen sich viele Freiwillige und helfen sich gegenseitig. Repariert werden Fahrräder, Musikanlagen, Möbel und auch Kleidungsstücke. Das schont den Geldbeutel und die Umwelt sogar gleich doppelt.

„Weniger ist mehr", insbesondere wenn es um Plastikverpackungen geht. Wir kaufen sehr bewusst ein. Nur das notwendigste wird neu eingekauft. Und dann möglichst verpackungsfrei. Deshalb kommt bei uns in einem Monat nur eine Tüte Plastik zusammen.

Plastikverpackungen sind für mich die größte Umweltsünde. Kaum hat man die Verpackung geöffnet, wird sie schon wieder entsorgt und landet über Umwege im Meer. Das soll sich ändern. Mein Motto ist „Ohne Abfall" und deshalb habe ich diesen verpackungsfreien Laden eröffnet.

Seit 10 Jahren versorge ich mich selbst. Alles, was ich dafür brauche, finde ich in meinem Garten. Manchmal tausche ich mein Gemüse gegen etwas Mehl vom Bauernhof im nächsten Ort und dann backe ich mein eigenes Brot. Viel Gemüse und Obst koche ich ein, damit ich das ganze Jahr über davon essen kann. Meinen ökologischen Fußabdruck halte ich daher sehr klein.

Jährlich werden 1,3 Milliarden Tonnen Lebensmittel weltweit entsorgt. Wir produzieren also für die Tonne! Ich finde, das muss nicht sein und bin deshalb Foodsaver und rette die Lebensmittel, die die Supermärkte nicht mehr verkaufen können und wollen, weil sie kleine Fehler (Druckstellen, angerissene Verpackung) haben. Die geretteten Lebensmittel gebe ich zum Beispiel an bedürftige Menschen und an Tafeln weiter.

Mode ist mein Leben! Ich liebe es, mich und meinen Kleiderschrank ab und an mit etwas Neuem zu überraschen. Allerdings sind die Zustände in den Textilfabriken wirklich unzumutbar. Deshalb kaufe ich aus zweiter Hand. Einmal im Jahr machen meine Freunde und ich außerdem eine Kleidertauschparty. Das ist nicht nur nachhaltig für die Umwelt, sondern auch für mein Konto. Und eine neue Garderobe springt dabei auch raus. In meiner Wohnung befinden sich ebenfalls gebrauchte Gegenstände: Möbel, Geschirr, Deko – alles für einen kleinen Geldbeutel. Was ich nicht mehr brauche, verkaufe ich mithilfe von Kleinanzeigen.

AUFGABEN

1. Lies dir alle Strategien durch (**M19**).
   a) Erläutere, warum du die Umwelt „doppelt schonst", wenn beispielsweise Elektrogeräte repariert werden.
   b) Musst du für die Selbstversorgung einen eigenen Garten haben? Erarbeite andere Lösungen, um Selbstversorgung in dein Leben einzubringen.
2. Ergänze die Sammlung um weitere Möglichkeiten sozial, ökologisch und ökonomisch nachhaltig zu leben (**M19**).
3. Informiere dich über die einzelnen Strategien im Internet und ergänze die Informationen. **MK**
4. Bewerte jede Strategie hinsichtlich ihrer Vorteile und Nachteile (**M19**).
5. Ordne die Strategien (**M19**). Beginne mit der für dich besten Strategie, die Umwelt zu schützen.
6. Vergleicht eure Ergebnisse untereinander.

H zu Aufgabe 2
Sozial, ökologisch und ökonomisch? Lies auf Seite 79 nach.

Upcycling – neuer Lack aufs alte Rad?

Jeden Tag landen Dinge im Müll, die ihren Zweck nicht mehr erfüllen oder die schlichtweg nicht mehr gebraucht werden. Dazu gehören zum Beispiel Verpackungen, Elektrogeräte oder auch Kleidungsstücke. Manchmal erscheinen Dinge nutzlos, doch wir können sie aufbereiten und ihnen einen neuen Nutzen und Wert geben, statt sie einfach zu entsorgen. So kannst du einen kleinen Beitrag zu einer besseren Welt leisten.

M20 Aus alt wird neu: Kreativität macht's möglich

Bilderrahmen aus Fahrradketten

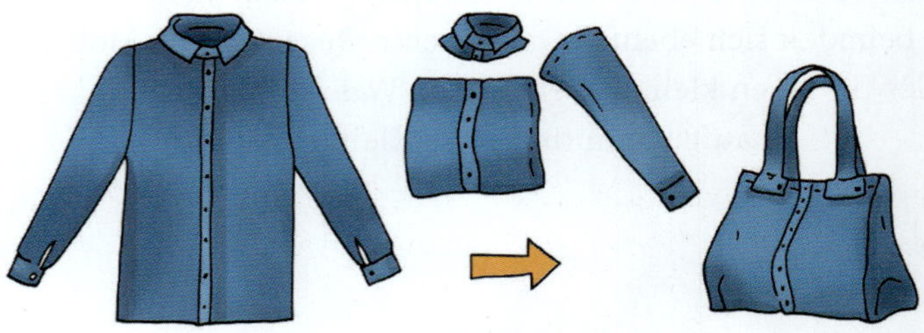

Vom Hemd zur Tasche

Skateboards als Regal

Kind auf Reifenschaukel

M21 Geschäftsidee: vom Truck zur Tasche

Die beiden Designer und Brüder Markus und Daniel Freitag wollten eine langlebige und sehr stabile Tasche herstellen. Für die ersten Entwürfe wurden LKW-Planen, Fahrradschläuche und Autogurte verarbeitet. Diese Materialien überzeugten so sehr, dass sie seitdem das Markenzeichen dieser Produkte und des Unternehmens sind. Alles, was für die Herstellung der neuen Taschen verwendet wird, wurde bereits gebraucht und aussortiert. Die alten Materialien werden zerlegt, gewaschen und zu den Taschen weiterverarbeitet. Doch warum haben sie sich für alte LKW-Planen entschieden? Die Planen müssen Regen und Wind standhalten und sind sehr robust – das sind besten Voraussetzungen für eine langlebige Tasche. Um aus diesen Materialien Taschen herzustellen, sind nur wenige weitere Rohmaterialien (z. B. Bastfasern) notwendig.

M22 Upcycling hat nicht nur gute Seiten

Mit Upcycling kann das Leben von Produkten verlängert und Müll vermieden werden. Zudem ermöglicht es einen sparsamen Umgang mit natürlichen Ressourcen, weil Rohstoffe für die Herstellung neuer Produkte eingespart werden. Auch Geld kann gespart werden, wenn man es selbst macht und es gelingt, Gegenstände ohne weitere teure Materialien und Werkzeuge neu zu kombinieren.

Upcycling ist nur nachhaltig, wenn wenige weitere Materialien für den neuen Zweck gebraucht werden. Das ist nicht der Fall, wenn für die Dekoraktion einer Dose für Stifte Folien, Steine und verschiedene Kleber angeschafft werden müssen. Außerdem kann Upcycling die Produktion ankurbeln. Wird beispielsweise eine Palette umgebaut zu einer Bank, steht sie für ihren ursprünglichen Zweck, dem Warentransport, nicht mehr zur Verfügung.

Es müssen also dafür neue gekauft werden. PET-Falschen lassen sich gut recyceln. Werden diese aber als Vasen oder ähnliches im zu großen Stil benutzt, müssen sogar neue aus frischem Erdöl produziert werden. Gleiches gilt für Einmachgläser. Werden zu wenige in den Kreislauf zurückgegeben, müssen aus frischem Sand neue Gläser hergestellt werden.

Ihr wollt ein Produkt selbst upcyclen?
Die folgende Methode zeigt euch wie:

Mediencode: 82251-14

AUFGABEN

1. Blitzumfrage: Welche Produkte oder Materialien habt ihr in den letzten 4 Wochen entsorgt?
2. Beschreibe, welche „nutzlosen" Materialien oder Produkte in **M20** verwendet wurden und welche neuen Produkte daraus entstanden sind.
3. Findet zu zweit Überschriften für die unterschiedlichen Bereiche des Upcycling und ordnet die Beispiele aus **M20** zu.
4. Stellt Vermutungen an, vor welchen Schwierigkeiten/Problemen die Brüder Freitag (**M21**) standen, als sie ihre Taschen-Idee umsetzen wollten.
5. Sammelt in der Klasse weitere Ideen zum Upcyclen. Prüft diese auf die Umsetzbarkeit zu Hause oder in der Schule und welche zusätzlichen Materialien man braucht, um ein neues Produkt herzustellen.
6. Lies den Text in **M21** und **M22**. Verfasse einen Instagram-Post zu folgender Frage: Wann ist Upcycling nachhaltig? Begründe deine Antwort. **MK**

Ein Produkt upcyclen: Up geht's – Upcycling im Klassenraum

Projekt 1: Schluss mit Chaos – Organizer aus Stoffresten

Was du brauchst:

Material	Werkzeug
• Jeans- oder Stoffhosen • alte Jeans- und Stoffreste ggf. Materialien zum Verzieren (Knöpfe, kleinere Stoffreste) • Pappe, Karton o.ä. um Taschen daran anzubringen	• Nadel & Faden oder • Heißklebepistole, Textilschere

So geht's:

1 Taschen der Hosen vorsichtig abschneiden. Zusätzlich können aus dem restlichen Stoff der Hose ebenfalls Taschenformen herausgeschnitten werden.

2 Beispiele zur Aufbewahrung:
- Bastelbedarf (Pinsel, Schere, Kleber)
- Schreibwaren (Stifte, Lineal, Geodreieck)
- Elektronik (Ladekabel, Adapter)
- Kosmetik
- Werkzeug

3 Für weitere Taschen die Hose entlang der Naht aufschneiden und die für das Vorhaben passende Tasche ausschneiden.

4 Klebe die Taschen mit einer Heißklebepistole auf eine feste Unterlage oder nähe die Taschen auf die Textilunterlage. Vorsicht heiß!

5 Der Organizer kann mit anderen Stoffen oder Materialien (z. B. Knöpfe) verziert werden.

6 Der Bund der Hosen kann inklusive der Gürtelschlaufen als Aufhängung verwendet werden, indem eine Gardinenstange ö.ä. hindurchgeschoben wird.

Alternative 1:
Indem 24 Taschen angebracht und nummeriert werden, entsteht ein Adventskalender.

Alternative 2:
Eine Hosentasche kann auch in einen Bilderrahmen eingespannt werden. Einfach das Glas herausnehmen, die Tasche einlegen, die Rückwand andrücken und überschüssigen Stoff abschneiden.

Projekt 2: Nisthilfe für Wildbienen – Insektenhotel aus Konservendosen

Was du brauchst:

Material	Werkzeug
• Dosen (Tiefe mind. 10cm) • Bindfaden • Bambusröhrchen, Schilfstängel (auch wenige getrocknete verfügbare Halme z. B. aus dem Garten) • Baumwolle oder Stoffreste aus natürlichen Stoffen (z. B. Lein)	• Eisensäge (z. B. Bügelsäge) • Holzbohrer • Akku-Schrauber

So geht's:

1. Konservendose nach Gebrauch reinigen und das Etikett entfernen.

2. Entscheide dich für eine Variante:
Variante 1: der Boden der Dose bleibt (→ die Halme werden später auf die Tiefe der Dose gekürzt)
Variante 2: Der Dosenboden wird entfernt (→ die Halme können später länger bleiben und aus beiden Öffnungen herausragen)

3. Die Länge der Bambusstäbe mithilfe einer Eisensäge anpassen. Für Variante 1 werden die Halme auf die Tiefe der Dose gekürzt, für Variante 2 dürfen die Halme an beiden Öffnungen mehrere Zentimeter hinausragen. Die Enden der Halme dürfen nicht ausfransen, da sonst die Bienen nicht hineinfliegen.

4. Mit einem Holzbohrer ein Loch in jedes Bambusröhrchen bohren und das Mark entfernen.

5. Bei durchgehend hohlen Stängeln in das eine Ende ein wenig Baumwolle hineinstopfen und somit verschließen. Damit wird ein Luftdurchzug verhindert, den die Insekten gar nicht mögen.

6. Die Dose mit den Röhrchen befüllen. Die verschlossenen Enden zeigen dabei in die gleiche Richtung. Die Füllung muss ganz fest sitzen. Gegebenenfalls muss mit trockenen Pflanzenstängeln nachgeholfen werden.

7. Anforderungen an den Standort für die Nisthilfe:
– sonnig (möglichst nach Süden ausgerichtet)
– vor Regen geschützt
– waagerechte, feste Position
Um die Nisthilfe gegen Vögel zu schützen, kann im Abstand von ca. 20 cm ein Maschendraht (Maschenweite mind. 3 x 3 cm) angebracht werden.

4.2 Nachhaltigkeit für alle Menschen dieser Welt!?

17 Ziele für nachhaltige Entwicklung – die Sustainable Development Goals (SDGs)

Ein gutes Leben zu führen, das ist den meisten Menschen wichtig. Doch was heißt das genau? Bedeutet es, in Sicherheit leben zu können, ohne Hunger und Armut, mit ausreichender medizinischer Versorgung und einer guten Schulbildung? Oder geht es am Ende doch nur um das neueste Smartphone?

M1 Die SDGs – eine weltweite Herausforderung

1 Keine Armut

2 Kein Hunger

3 Gesundheit und Wohlergehen

4 Hochwertige Bildung

5 Geschlechtergleichstellung

6 Sauberes Wasser und Sanitärversorgung

7 Bezahlbare und saubere Energie

8 Menschenwürdige Arbeit und Wirtschaftswachstum

9 Industrie, Innovation und Infrastruktur

10 Weniger Ungleichheiten

11 Nachhaltige Städte und Gemeinden

12 Verantwortungsvolle Konsum- und Produktionsmuster

13 Maßnahmen zum Klimaschutz

14 Leben unter Wasser

15 Leben am Land

16 Frieden, Gerechtigkeit und starke Institutionen

17 Partnerschaften zur Erreichung der Ziele

Eine gerechte und hochwertige Bildung für alle Kinder gewährleisten. Unabhängig davon, welche Sprache du sprichst, wie viel Geld deine Familie hat, wie man aussieht oder ob du eine Behinderung hast.

Ein gesundes Leben für alle Menschen gewährleisten, egal woher sie kommen. Eine grundlegende medizinische Versorgung für alle Menschen bereitstellen.

Den Hunger weltweit beenden sowie eine bessere Ernährung für alle Weltbürger erreichen. Nachhaltige Landwirtschaft fördern, ohne Regenwälder zu roden oder Tiere zu gefährden.

Zugang zu bezahlbarer, verlässlicher und sauberer Energie für alle Menschen sichern.

Städte und Siedlungen sicher, widerstandsfähig und nachhaltig machen. Städte und Dörfer sollten so gebaut werden, dass alle Menschen, ob mit oder ohne Behinderung, diese nutzen können.

Eine belastbare Infrastruktur (z. B. gute Straßen und neue Stromleitungen) schaffen. Außerdem soll eine saubere Industrie gefördert werden und Innovationen vorangetrieben werden, die helfen die Umwelt zu schützen.

Für Männer und Frauen sollte Geschlechtergerechtigkeit herrschen. Das heißt, dass beide Geschlechter die gleichen Rechte haben sollten, z. B. das Wahlrecht oder das Recht auf gleichen Lohn bei gleicher Arbeit.

Das Leben an Land (Flora und Fauna) schützen oder wiederherstellen. Die nachhaltige Nutzung von Feldern und Wäldern fördern, Wüstenbildung bekämpfen, Bodenverschlechterung stoppen und umkehren.

Eine friedliche Gesellschaft fördern, an der alle Menschen teilhaben. Gerechtigkeit durch eine unabhängige Justiz für alle Menschen garantieren.

Für nachhaltigen Konsum und eine saubere Produktion sorgen. Bewusst das kaufen, was auch wirklich gebraucht wird. Sofort weitere Maßnahmen zur Bekämpfung des Klimawandels und seiner Auswirkungen ergreifen.

Armut in jeder Form und überall auf der Welt beenden.

Weltweite Partnerschaften und Freundschaften zwischen Staaten fördern.

Ozeane, Meere und Meeresressourcen erhalten und nachhaltig nutzen.

Verfügbarkeit von sauberem Trinkwasser und Sanitäranlagen (Toiletten, Duschen, Abwassersystem ...) für alle Menschen gewährleisten.

Eine gute Wirtschaft im Land fördern. Das heißt unter anderem, viele Arbeitsplätze bei guten Bedingungen (z. B. keine Kinderarbeit, ausreichend Pausen ...) schaffen und gute Löhne zahlen.

Ungleichheit innerhalb von und zwischen Staaten verringern. Bestechungen sollten nicht notwendig und daher verboten sein.

AUFGABEN

1. Gestaltet in Gruppen ein Plakat zu den Zielen für nachhaltige Entwicklung (**M1**):
   a) Entwerft für die Ziele 2-17 je ein Logo. Ein Beispiel seht ihr bei Ziel 1. Gestaltet euer Plakat so weiter, dass es als eine Art Werbung für die 17 Ziele einer nachhaltigen Entwicklung wahrgenommen wird.
   b) Ordnet den 17 Zielen auf eurem Plakat die passenden Beschreibungen zu.
2. Bereitet in euren Gruppen einen Galeriespaziergang (S. 37) vor. **MK**
   a) Erstellt in der Klasse Bewertungskriterien für die Plakate.
   b) Führt den Galeriespaziergang durch.
   c) Diskutiert, welche Plakate den Bewertungskriterien am besten entsprechen.

Die Entstehung der Ziele für nachhaltige Entwicklung

Die Welt zu einem besseren Ort zu machen, das ist das Kernanliegen der Ziele für nachhaltige Entwicklung (Sustainable Development Goals (SDGs)). Hierzu wurden am 25. September 2015, 17 Ziele mit 169 Unterzielen von der Generalversammlung der Vereinten Nationen beschlossen. Doch warum ist die Erreichung dieser Ziele so wichtig?

M2 Die Vereinten Nationen

Logo der UNO

Konferenzsaal der UNO

UN
UN, auch oft UNO genannt (United Nations Organisation)

Die Vereinten Nationen (abk. UN aus dem englischen: United Nations) ist ein weltweiter Zusammenschluss von Staaten und nach dem Zweiten Weltkrieg gegründet. Ihm gehören 193 Staaten an – das sind fast alle Länder der Erde! Die zentrale Aufgabe der UN ist der Erhalt des Friedens und der Sicherheit auf der ganzen Welt. Am 25. September 2015 wurde durch die UN ein weltweit geltender Plan zur Förderung von Frieden und Wohlstand verabschiedet. Dieser Plan wird durch die Verfolgung von 17 Zielen nachhaltiger Entwicklung seit 2016 in allen 193 Staaten umgesetzt bzw. deren Umsetzung angestrebt.

M3 Internationale Ziele zur Lösung vieler großer Probleme!

Wer gilt als extrem arm?
Im Jahr 2000 galt als extrem arm, wer weniger als einen US-Dollar (0,92 €) pro Tag zur Verfügung hatte. Im Jahr 2020 gilt als extrem arm, wer weniger als einen 1,90 US-Dollar (1,75 €) pro Tag zur Verfügung hat.

Die SDGs haben die Millenniums-Entwicklungsziele (MDGs) abgelöst. Die MDGs wurden im Jahre 2000 von der UN beschlossen und sollten bis 2015 umgesetzt werden. Zum Zeitpunkt der Verabschiedung der MDGs lebten über eine Milliarde (> 1.000.000.000) Menschen in extremer Armut. Das heißt, sie hatten weniger als einen US-Dollar (0,92 €) pro Tag für ihren Lebensunterhalt zur Verfügung. Über eine Milliarde Menschen hatten zudem keinen Zugang zu sauberem Trinkwasser. 700 Millionen Menschen litten weltweit an Hunger oder waren unterernährt. 115 Millionen Kinder hatten keinen Zugang zu Schulbildung. Sie konnten weder lesen noch schreiben. Diese Zahlen zeigen, warum die UN die Millenniums-Entwicklungsziele verfolgte. Im Jahr 2000 war noch jeder 5. Weltbürger von extremer Armut betroffen. Heute, mehr als 20 Jahre später, leidet noch immer jeder 10. Weltbürger unter extremer Armut. Eine deutliche Verbesserung zum Jahr 2000, aber kein Grund, die Ziele der UN nicht weiter zu verfolgen.

SDGS

SDGs stammt aus dem englischen für Sustainable Development Goals, auf Deutsch: „Ziele für nachhaltige Entwicklung“ sind politische Zielsetzungen aller UN-Staaten für die weltweite Sicherung ökonomischer, sozialer und ökologischer Interessen.
Den SDGs liegen 17 Ziele mit 169 Unterzielen zugrunde. Historisch gesehen gehen die SDGs auf die Millenniums-Entwicklungsziele (MDGs) aus dem Jahr 2000 zurück.

M4 Greta Thunberg: Ziele konsequent verfolgen

Greta Thunberg demonstriert allein vor dem schwedischen Parlament (2018). Sie engagiert sich für den Kampf gegen den Klimawandel.

„Menschen leiden. Menschen sterben. Wir befinden uns im Anfang eines Massenaussterbens, und alles, woran ihr denken könnt, sind Geld und Märchen von ewigem Wachstum. Wie könnt ihr es wagen! […] Die Augen der zukünftigen Generationen ruhen auf euch – und wenn ihr uns enttäuscht, werden wir euch das niemals verzeihen."

Greta Thunberg, UN-Klimakonferenz 2019

AUFGABEN

1. Beschreibe kurz, welche Aufgaben die Vereinten Nationen haben (**M2**).
2. Erläutere, warum die weltweite Umsetzung der SDGs wichtig ist (**M3**).
3. Diskutiert vor dem Hintergrund der Aussage von Greta Thunberg, welche Folgen das Handeln der aktuellen Weltbevölkerung für zukünftige Generationen hat, und welche globalen Probleme die Politikerinnen und Politiker schnellstmöglich lösen müssen (**M4**).

Geld, Essen, Bildung – eine Selbstverständlichkeit?

Nahrung ist eines deiner Grundbedürfnisse, wobei du Geld benötigst, um dir Lebensmittel zu kaufen. Eben mal unterwegs ein Brot für zu Hause kaufen? Ein Griff ins Portemonnaie und erledigt. Was für uns eine tägliche Selbstverständlichkeit ist, ist für viele andere Menschen auf der Welt unmöglich. In welchem Zusammenhang stehen Hunger und Armut, und was hat Bildung damit zu tun?

M5 Hunger – ein Teufelskreis

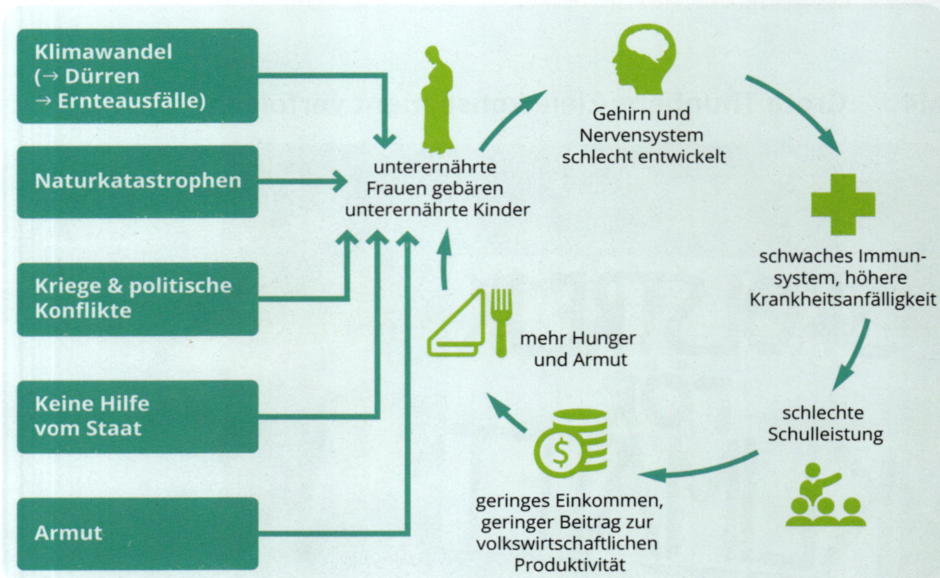

dpa, Welthungerhilfe

M6 Die drei Gesichter der Armut

Armut ist nicht immer gleich. Die Unterschiede der Arten von Armut können sehr groß sein, und es gibt verschiedene Blickwinkel, unter denen Armut betrachtet werden kann.

Absolute Armut: Hierbei liegt der Fokus auf einer einzelnen Person. So gilt als arm, wer pro Tag weniger als 1,90 $ (= 1,75 €) zur Verfügung hat.

Relative Armut: Betrachtet man das Einkommen in einem Land, sind die Menschen arm, denen weniger als 60% des durchschnittlichen Einkommens der Bevölkerung zur Verfügung stehen. Diese Armut wird also im Vergleich gesehen, weil ein Mensch, der in Deutschland als arm gilt, in einem anderen Land mit einem niedrigeren Durchschnittseinkommen nicht unter diesen Armutsbegriff fällt.

Materielle Armut: Ein drittes Anzeichen für Armut ist, wenn sich Personen folgendes nicht leisten können: Auto, Waschmaschine, Fernseher oder Telefon, eine Woche Urlaub im Jahr, jeden zweiten Tag Fleisch, Fisch oder eine andere proteinreiche Mahlzeit. Auch, wer Rechnungen für Miete, Strom und Heizung nicht bezahlen kann, ist arm.

M7 Wocheneinkauf von verschiedenen Familien

Mexiko (Nordamerika):
170,00 €

Tschad (Afrika):
2,00 €

Mali (Afrika):
23,00 €

Norwegen (Europa):
664,00 €

Der Teller für einen Tag
Wie ernährst du dich an einem Tag? Vergleiche deine Nährwerte mit denen anderer Länder.

Mediencode: 82251-15

Achtung!
Die angegebenen Ausgaben sind keine Durchschnittswerte für das jeweilige Land, sondern ein Beispiel für diese eine Familie. Der Wert soll nur die Tendenz darstellen.

AUFGABEN

1. Beschreibe mit eigenen Worten, wie Armut, Hunger und Bildung zusammenhängen (**M5**).
2. Vergleiche die verschiedenen Formen von Armut und finde jeweils ein Beispiel (**M6**).
3. Vergleicht zu zweit die Bilder der Familien und ihrer Wocheneinkäufe (**M7**). Nehmt dabei folgende Fragen zu Hilfe:
   a) Aus wie vielen Personen besteht die Familie?
   b) Was wurde eingekauft (z. B. Getreideprodukte, Obst/Gemüse, Süßigkeiten, Getränke)?
   c) Können alle das essen, worauf sie gerade Appetit haben?
4. Ordne den Familien ein Land und das für den Wocheneinkauf ausgegebene Geld zu (**M7**).
5. Vergleicht und diskutiert eure Ergebnisse in der Klasse.

F zu Aufgabe 1
Ergänze weitere Aspekte des Teufelskreises.

H zu Aufgabe 1
Fertige einen Zeitstrahl an, auf welchem du den Ablauf der Ereignisse in eine Reihenfolge bringst.

M8 Schulbildung für alle – Fantasie oder Wirklichkeit?

Eybi (Philippinen, Asien): Um zu der auf dem Berg gelegenen Schule zu kommen, muss ich jeden Tag zwei Stunden durch den Dschungel klettern. Bis zur vierten Klasse lernen wir hier Mathe, Englisch, Sachkunde und Philippino. Oft bin ich unkonzentriert und müde, weil das Klettern so anstrengend war. Auf dem Heimweg regnet es meistens. Die Steine sind dann besonders rutschig und mit meinen Flipflops finde ich nur schwer Halt. Obendrein werden alle meine Hefte nass.

Farai (Äthiopien, Afrika): Seit kurzem darf auch ich, als Mädchen, die Schule besuchen. Dafür laufe ich 2 Stunden durch die Wüste. Hier lernen wir vorrangig lesen und schreiben auf Afar und Amhara, unseren Landessprachen, indem wir Sätze von der Tafel abschreiben und dann gemeinsam vorlesen. Wer nicht schnell genug abschreibt, wird mit dem Rohrstock geschlagen. Über Politik lernen wir leider nichts, aber ich finde die Sprachen wichtig, weil ich dann mit allen Völkern in Äthiopien sprechen kann. Meine Schwester hingegen muss unsere Familie unterstützen und läuft jeden Tag mehrere Stunden, um Wasser zu holen.

Steven (Simbabwe, Afrika): Ich gehe auf ein privates Internat, welches meine Eltern 15.000 Dollar im Jahr kostet. Das klingt viel, aber es ist dennoch alles in einem schlechten Zustand. Weil mein Hemdkragen schmutzig war, muss ich nun als Strafe für alle sichtbar während der Mittagspause in der Aula stehen.

Michael (Deutschland, Europa): Jeden Morgen werde ich um 6 Uhr abgeholt, um in die nächstgelegene barrierefreie Schule gefahren zu werden, weil die Schule bei mir in der Nähe nicht rollstuhlgerecht ist. Dafür weiß ich aber, dass ich in der Schule über Menschenrechte und Gleichberechtigung informiert werde, was in vielen anderen Ländern der Welt nicht der Fall ist.

Adriana (Bolivien, Südamerika): Meine Eltern zahlen monatlich viel Geld, damit ich auf eine der wenigen Privatschulen gehen kann. Mit einem Abschluss dieser Schule habe ich die besten Aussichten auf einen sehr gut bezahlten Beruf.

M9 Arm oder reich – was war zuerst da?

Reicher Mann und armer Mann standen da und sah'n sich an. Und der Arme sagte bleich: „Wär ich nicht arm, wärst du nicht reich."

Bertolt Brecht

M10 Das verflixte Dreieck

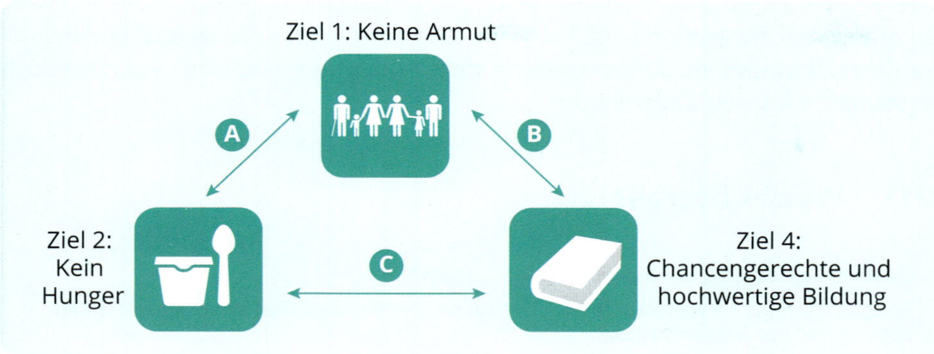

lebenslanges Lernen ermöglichen

keiner wird zurückgelassen

Bildung für nachhaltige Entwicklung

Selbstversorgung

vielseitige Ernährung

Anspruch auf Urlaub

Arbeitsplatzsicherheit

Armut löst Hunger aus

Ausbeutung

gerechte Bezahlung

Was/wann kostet Bildung?

Wissen über Landwirtschaft/Anbau von Nahrung

Wissen über Menschenrechte, Geschlechtergerechtigkeit, Gewaltlosigkeit, Frieden

wachsender Hunger = sinkende Aufnahmefähigkeit/ Konzentration

AUFGABEN

1. Bildung für alle?
a) Beschreibe, was für dich Schulbildung in Deutschland bedeutet.
b) Arbeite heraus, inwiefern sich der Zugang zu Bildung bei den Kindern in **M8** unterscheidet (Schulweg, Lerninhalte, ...).
c) Bewertet die Situationen gemeinsam in der Klasse.

2. a) Analysiere das Bild oder das Zitat (**M9**).
b) Nimm zum Bild oder zum Zitat Stellung, indem du deine eigene Meinung darlegst.
c) Diskutiert eure Ergebnisse in Kleingruppen.

3. a) Ordne die Aussagen dem jeweiligen Ziel (1, 2, 4) oder einer Beziehung (A, B, C) zu (**M10**).
b) Erläutere, weshalb dieses Dreieck „verflixt“ ist.
c) Nenne weitere SDGs, die mit 1, 2 und 4 in einem Zusammenhang stehen.

Wasser – alles frisch?

Überall heißt es: Du sollst 2-3 l Wasser am Tag trinken, das sei gesund. Kein Problem. Du drehst den Wasserhahn auf, hältst ein Glas darunter, trinkst es aus, und irgendwann verschwindest du auf dem stillen Örtchen und „bringst es weg". Für uns selbstverständlich, für viele andere nicht.

M11 Wasser überall?

Meerwasser enthält so viel Salz, dass du es nicht trinken kannst.

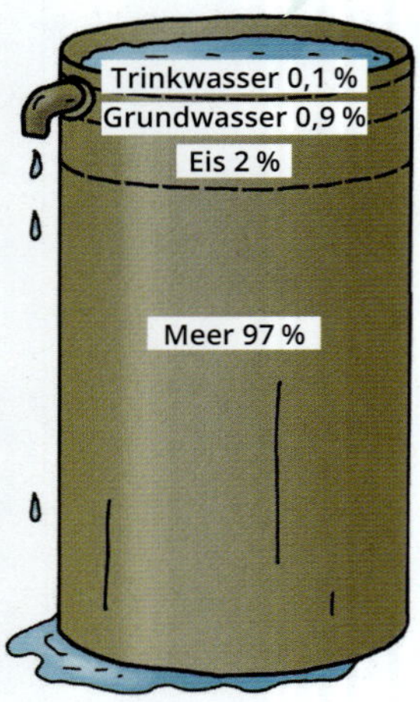

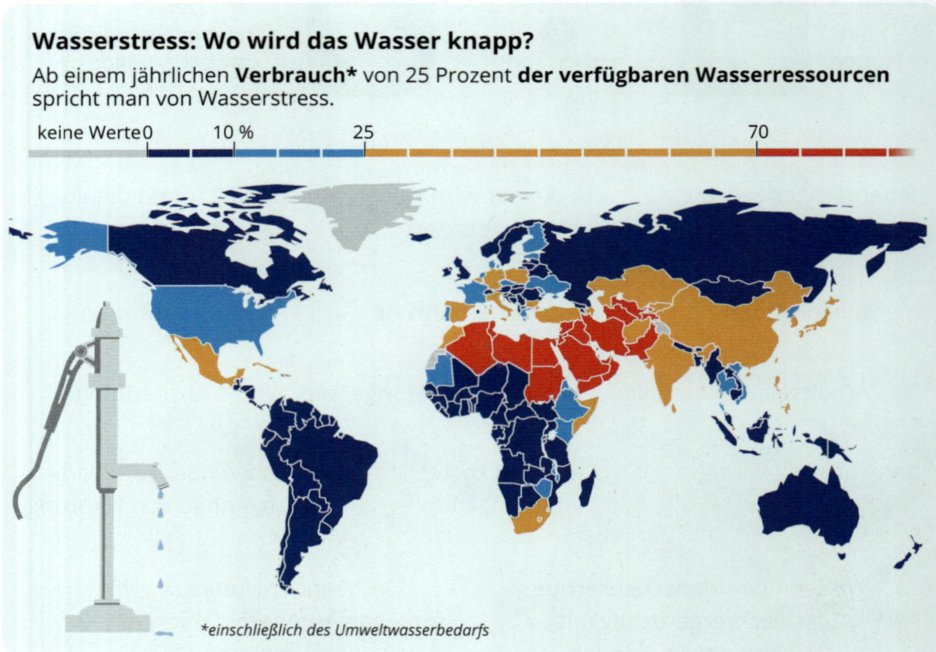

Globus-Grafik 13330; Quelle: Weltwasserbericht der Vereinten Nationen 2019

M12 Wasser marsch? Unser wasserreicher Alltag

WHO
World Health Organization dt. Weltgesundheitsorganisation

Der Sprung unter die Dusche, die Nutzung der Toilette, Wäsche waschen, Geschirr spülen, der Hausputz und natürlich zur Nahrungszubereitung sowie als Getränk. Dafür benötigt eine Person in Deutschland ca. 123 l sauberes Wasser am Tag. Doch nicht allen Menschen steht so viel Wasser zur Verfügung. Laut WHO werden mindestens 50 l sauberes Wasser benötigt, um Krankheiten zu vermeiden und fit zu bleiben. Das ist der Inhalt von nur fünf Wassereimern. Aber selbst diese Menge steht vielen Menschen nicht täglich zur Verfügung. Besonders betroffen ist der Kontinent Afrika, wo je nach Region nicht einmal 20 l am Tag für einen Menschen zur Verfügung stehen. Eine Menge, mit der du ca. 1,5 min duschen kannst.

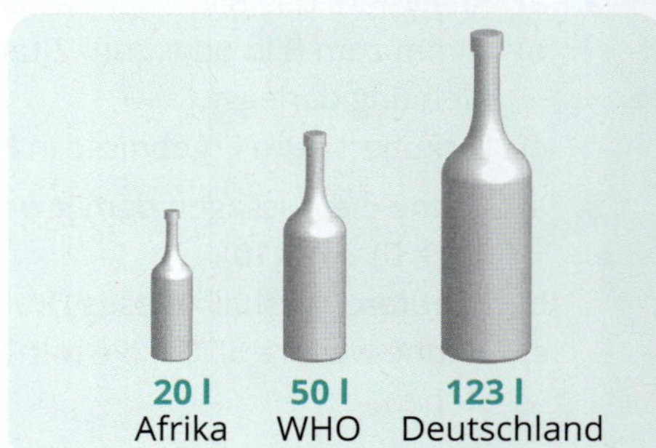

M13 Nicht jeder kann Probleme einfach runterspülen

Der Gang zu einer sauberen Toilette ist ein wertvolles Gut. Ein funktionierender Abwasserkreislauf schützt nicht nur die Umwelt, sondern auch vor Krankheiten. Aber warum ist das so? Urin und Kot riechen nicht nur unangenehm, sie können aufgrund der enthaltenen Viren und Bakterien auch sehr gefährlich für Mensch und Umwelt werden. Gelangen sie in großen Mengen ungefiltert in das Grundwasser, wird dieses dauerhaft verunreinigt. In vielen Regionen der Erde gibt es keinen Abwasserkreislauf. Dort wird die Wasserversorgung über so belastetes Grundwasser aus Brunnen, Seen oder Flüssen gewährleistet. Dieses Wasser wird dann zum Trinken und zur Nahrungszubereitung genutzt.
Infektionskrankheiten wie Cholera haben dann ein leichtes Spiel. Cholera verursacht extremen Durchfall sowie starkes Erbrechen und kann ohne Behandlung besonders für Kleinkinder lebensgefährlich sein. Sie ist außerdem sehr gefährlich, weil sie sich wie das COVID-19-Virus zu einer Epidemie ausbreiten kann. So wird ein schwer kontrollierbarer Ausbruch einer Krankheit genannt. Eine solche Cholera-Epidemie gab es zuletzt 2017 im Jemen.

Eine Toilette

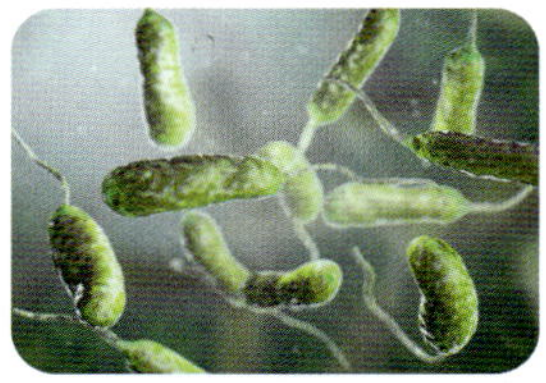
Das Cholera-Bakterium

M14 Wenn es knapp wird, wird es ernst

Zwei Kinder holen mit ihren Eseln Wasser.

Der Mensch kann ohne Wasser nicht leben.

Lange hat es nicht mehr geregnet und die Erde ist vertrocknet. Es wächst nichts mehr.

Eine vom Krieg zerstörte Stadt

Viva con Agua – für sauberes Wasser
Viva con Agua ist eine Hilfsorganisation aus Hamburg. Sie setzt sich für sauberes Trinkwasser und saubere Toiletten ein, um Bilder wie in **M14** zu verhindern.

Mediencode: 82251-16

AUFGABEN

1. Sieh dir die Abbildungen an. Nenne Schwierigkeiten, die aus der dargestellten Verteilung von Wasservorräten hervorgehen (**M11**).
2. Beschreibe, wie du deinen Wasserverbrauch reduzieren kannst (**M12**).
3. Erläutere die Bilder in Zusammenhang mit der Knappheit von Wasser (**M13**).

F Schreibe zu zwei der vier Bilder in **M14** eine Entstehungsgeschichte dieses Fotos. Tipp: Alle Fotos sind in Folge von Wasserknappheit entstanden.

Warum sauberer produzieren und konsumieren?

Für alles, was wir produzieren, werden viel Energie und Rohstoffe benötigt. Den schönen Produkten sieht man im Laden gar nicht an, dass sie in ihrer Herstellung eigentlich ganz schön „schmutzig" sind. Sie benötigen viel Energie und Rohstoffe zur Herstellung.

M15 Produktherstellung: Es qualmt am laufenden Band

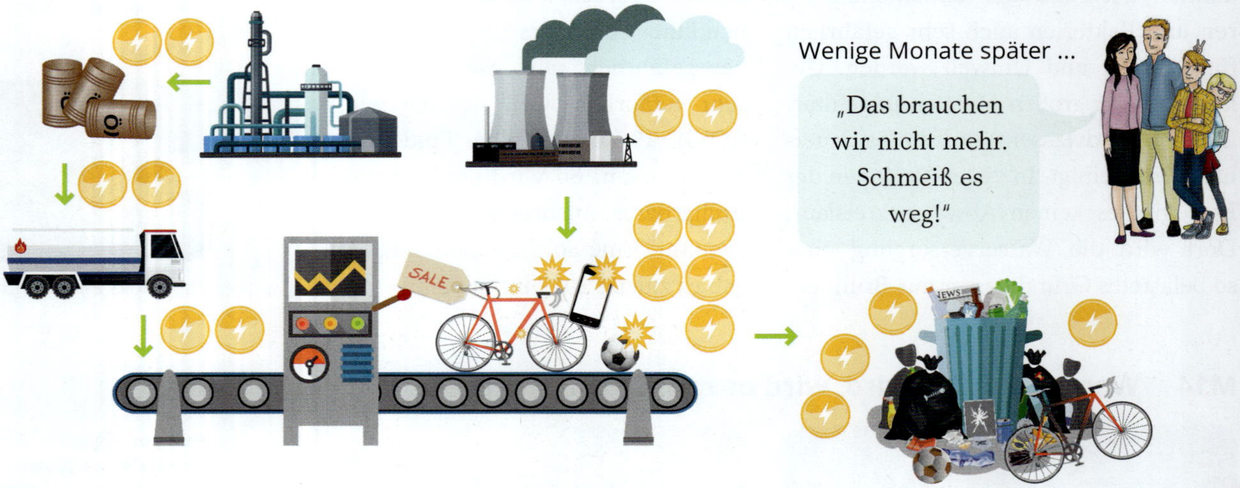

M16 Produktherstellung: Nachhaltigkeit wie am Fließband

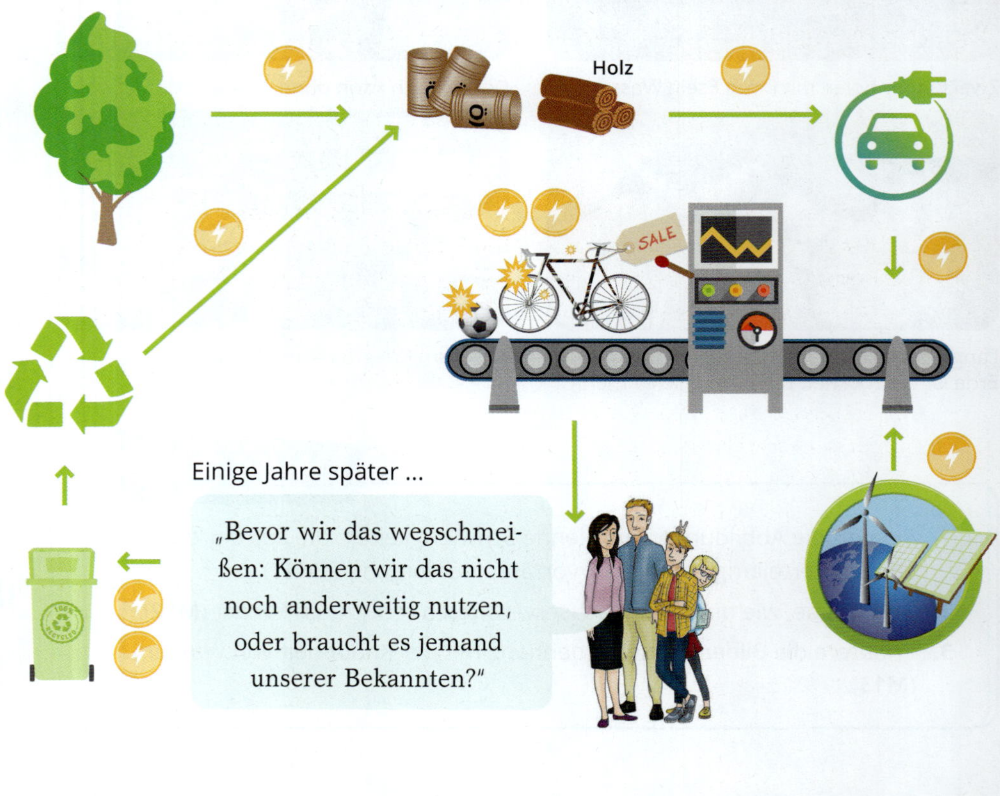

GRAUE ENERGIE

Als Graue Energie wird die gesamte Energiemenge bezeichnet, die von der Rohstoffgewinnung über Herstellung, Transport, Lagerung und Verkauf bis hin zur Entsorgung eines Produktes benötigt wird.
Die benötigte Energiemenge steigt mit der Komplexität und Größe eines Produktes. Das bedeutet, dass besonders High-Tech-Geräte wie Smartphones, Laptops oder Fernseher sehr viel Graue Energie benötigen und dementsprechend viele Jahre genutzt werden sollten.

M17 Nachhaltige Energiegewinnung? Ja, aber ...

Eine Möglichkeit elektrische Energie zu erzeugen ist das Verbrennen von Biomasse. Neben der Verwendung von Bio-Abfällen werden auch extra Felder mit Mais bestellt, der ausschließlich für die Verwendung als Biomasse gedacht ist, nicht aber als Nahrungs- oder Futtermittel. Das sehen Kritiker als großes Problem an. Auch die anderen Formen der nachhaltigen Energiegewinnung wie Windkraft, Wasserkraft, Photovoltaik und Geothermie haben nicht nur Vorteile, daher lautet einer der Grundsätze „die beste Energie ist die, die nicht gebraucht wird".

Eine Biogasanlage in Westfalen

AUFGABEN

1. a) Ordne die folgenden Begriffe den jeweiligen Abbildungen zu (**M15**, **M16**). Manche Begriffe gelten für beide Abbildungen: Kohle-, Gas-, Atomkraftwerk • Windenergie, Photovoltaik, Wasserkraft • Produktion • Weiterverarbeitung der Rohstoffe • Transport • Deponie • Rohstoffgewinnung • Rohstoffaufbereitung • Recycling
   b) Beschreibe die Abläufe in den jeweiligen Abbildungen.
   c) Vergleiche die Abläufe miteinander.
   d) Erkläre die Unterschiede in den Abläufen.
   e) Erläutere, warum in **M15** mehr Blitze als in **M16** verteilt sind.
2. a) Nenne Gründe, warum die Produktion von elektrischer Energie aus Biomasse nicht nur Vorteile hat (**M17**).
   b) Stelle Vermutungen an, welche Nachteile die anderen im Text genannten Formen der Energiegewinnung haben könnten.
   c) Diskutiert in der Klasse, was es mit dem Grundsatz in **M17** auf sich haben könnte.

Nachhaltigkeit im Wasser und an Land

Redewendungen wie „ohne Wasser gäbe es kein Leben“ oder „die Wälder sind die grüne Lunge der Erde“ lassen schon vermuten, wie wichtig das Leben unter Wasser und das Leben an Land sind. Doch was gehört alles mit dazu, und warum ist es für uns Menschen so wichtig?

M18 Koralle gut – alles gut?

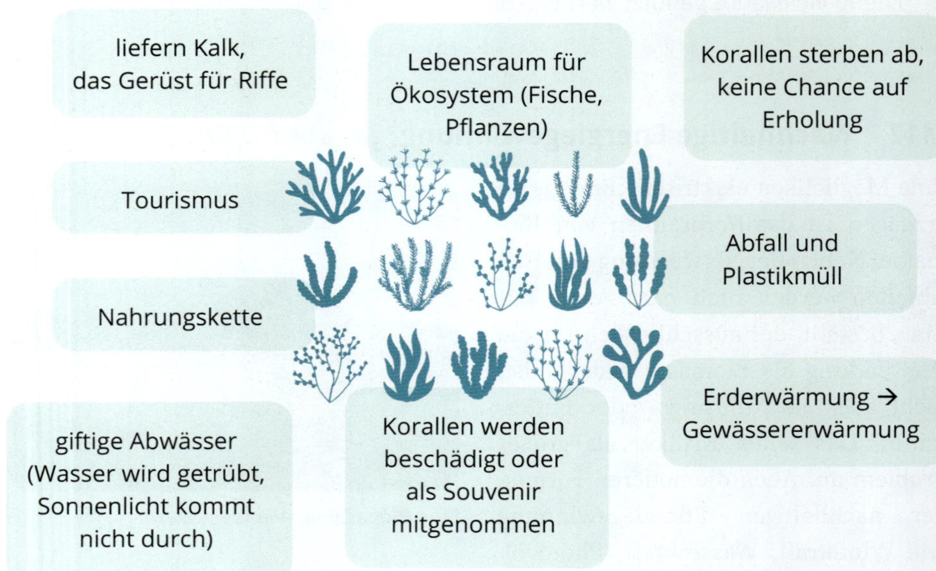

M19 Die Geschichte der flotten Biene

Vorsichtig balanciere ich von Ast zu Ast, ohne dabei die empfindlichen Blüten zu verletzen. Jede einzelne Blüte ist wichtig, weil aus ihnen die Frucht herauswächst. Damit Früchte entstehen, müssen wir Arbeiterinnen die wertvollen Pollen mit einem feinen Federpinsel auf die Blüten auftragen. Jede einzelne Blüte muss bestäubt werden. All das Obst und Gemüse wächst nur, wo wir zuvor die goldenen Pollen mit viel Bedacht auf die Blüten gebracht haben. Ich kenne nur das Leben in den Bäumen auf den Feldern 871 bis 890 in Sichuan, China. Das sind die Kirschbaumfelder. Hier verbringe ich zwölf Stunden am Tag in bis zu vier Metern Höhe. Ich arbeite seit meiner Kindheit in den Bäumen. Als ich klein war, erzählte mir mein Vater die Geschichte der Bienen. Kleine Tierchen, die die Pollen verteilten, bevor der Mensch diese Aufgabe übernehmen musste. Die Bienen verschwanden, und die immer gleichen Felder waren schuld daran. Es gab keine bunten Wiesen mehr, nur die immer gleiche Pflanze mit der gleichen Blüte. Schuld für das große Bienensterben waren auch die vielen Pflanzenschutzmittel. So lebhaft er auch von den fleißigen Bienen und ihren Tänzen erzählte, konnte ich mir nie wirklich ein Leben, in dem Bienen diese wichtige Aufgabe erledigten, vorstellen.

M20 Duschgel statt Dschungel

Ölpalmenplantagen soweit das Auge reicht

Der Dschungel der Artenvielfalt muss den Monokulturen weichen.

Bienen und andere Insekten brauchen verschiedene Pflanzen mit verschiedenen Blütezeiten. Weniger Raum für die Tiere bedeutet, dass Arten aussterben.

Ölpalmen werden in Massen angebaut, damit die Regale im Kosmetikgeschäft schön bunt und vielfältig gefüllt sind. Palmöl ist z. B. Bestandteil von Duschgel.

Pflanzenvielfalt im Regenwald

Im Supermarkt gibt es eine große Duschgelauswahl.

Die immer gleiche Pflanze auf dem Feld bedeutet, dass die Bodenqualität leidet, weil immer die gleichen Nährstoffe entzogen werden. Es werden viele Pflanzenschutzmittel benötigt. Das hat Folgen für die Umwelt.

AUFGABEN

1. Ordne die Aussagen in **M18** den beiden Oberkategorien zu:
   a) Gründe für das Korallensterben
   b) Nutzen von Korallen
2. Überlegt zu zweit, ob sich das Beispiel der Koralle auf ein Lebewesen/eine Pflanze an Land übertragen lässt. Findet Beispiele und diskutiert diese in der Klasse.
3. Lies den Text **M19**.
   a) Skizziere deine Gedanken zum Text.
   b) Bewerte die Aussage: „Was in China bereits Gegenwart ist, ist unsere Zukunft."
4. a) Ordne den Bildern in **M20** jeweils einem Text zu.
   b) Analysiere folgende Aussage: „Vielfalt im Kosmetikregal setzt Einfalt auf dem Land voraus" (**M20**).
   c) Schau bei dir zu Hause auf die Verpackung von Lebensmitteln und Kosmetikartikeln und recherchiere, wo überall Palmöl drinsteckt.
5. Leite aus **M18-M20** entsprechende Handlungsempfehlungen für Menschen ab, damit Korallen und das dazugehörige Ökosystem geschützt werden.
6. Nenne weitere SDGs, die mit Ziel 14 und 15 (Leben unter Wasser und Leben an Land) in Zusammenhang stehen.

H zu Aufgabe 4c
Palmöl hat viele Namen. Hier findest du weitere Synonyme zum Begriff: https://utopia.de/ratgeber/palmoel-vermeiden/

Einen Aktionsplan für eine nachhaltigere Zukunft gestalten

Worum geht es?

Ein Aktionsplan hilft euch die Ideen und Wünsche, die ihr für die Zukunft unseres Planeten habt, als Ziele konkret zu formulieren. Dabei geht es vor allem auch darum gemeinsame Ideen zu finden.

Geht dabei so vor:

1. Schritt: Kritikphase

Diese Phase habt ihr zum Großteil schon während der Bearbeitung des Kapitels durchlaufen. Ruft euch nochmal in Erinnerung welche drängendsten Probleme es auf unserem Planeten gibt (siehe Auftaktseite und einzelne Unterkapitel). Formuliert dann basierend auf den Problemen Leitfragen zur Lösung des Problems, z. B. „Wie können wir den Klimawandel gemeinsam stoppen?“

2. Schritt: Fantasiephase

Für diese Phase gilt: Alles ist möglich. Hier geht es um eure Wünsche, Träume, Ziele in Bezug auf die Zukunft unseres Planeten. Ihr braucht erst einmal keine Rücksicht darauf nehmen, ob sie unrealistisch scheinen mögen. Sammelt eure Ideen und arbeitet sie dann zu konkreten Entwürfen aus.

3. Schritt: Verwirklichungsphase

Stellt nun eure Entwürfe der Realität gegenüber:
- Welche Schwierigkeiten gibt es, die Ideen in die Tat umzusetzen?
- Wo müssen die Entwürfe verändert oder angepasst werden?

Konkretisiert notwendige Veränderungsschritte: Nennt z. B. Maßnahmen, die ergriffen werden müssen, damit euer Zukunftsentwurf Realität werden kann.

4. Schritt: Beurteilungsphase

Präsentiert alle Entwürfe in der Klasse und beurteilt, ob die einzelnen Zukunftsentwürfe umsetzbar sind. Für welchen Entwurf würdet ihr euch jeweils entscheiden? Begründet eure Entscheidung.

Wer bringt den Frieden?

Bringt die Taube den Frieden? Leider nein. Die weiße Taube ist nur ein Symbol des Friedens. Aber wer kann dann für Frieden sorgen? Das ist eine schwierige Frage, denn weltweit gibt es viele Konflikte, die die Menschen nicht so einfach lösen können. Allerdings gibt es internationale (weltweit geltende) Organisationen, die es sich zur Aufgabe gemacht haben, durch eine enge Zusammenarbeit der einzelnen Mitgliedsstaaten Ziele zu erreichen, die den Frieden fördern sollen. Wie gehen sie dabei vor?

M21 Blau, die Farbe der Zusammenarbeit

UNICEF | ICC | UNHCR | WHO | UN/UNO

M22 Die Vereinten Nationen: Ziele und Grundsätze

Bundeszentrale für politische Bildung, 2010, www.bpb.de

INTERNATIONALE BEZIEHUNGEN

Sie beschreiben die weltweite Zusammenarbeit zwischen Staaten und Organisationen in den Bereichen Politik, Wirtschaft und Recht.
Internationale Beziehungen beschäftigen sich vor allem mit Konflikten wie Streits über wirtschaftliche Ereignisse, Krisen, Kriege, das Klima und vieles mehr. Dabei wird betrachtet, wer die Beteiligten sind, warum sie sich streiten und wo die Probleme im Konflikt liegen. Ziel ist es, Kompromisse zu bilden, die alle zufrieden stellen, um ein stabiles, friedliches Miteinander auf der ganzen Welt zu erreichen oder zu sichern.

Korruption einfach erklärt

Mediencode: 82251-17

M23 Falsche Zusammenarbeit – der kleine Gefallen …

Du bittest deine Nachbarin Frau Bartknecht dein Paket anzunehmen, auf das du dringend wartest. Das wird sie gern tun, weil du auch immer ihre Pakete entgegennimmst und ihr euch gegenseitig unterstützt.

Bei Frau Schönborn geht es nicht nur um Pakete. Sie hat ein Grundstück für eine neue Fabrik gekauft. Um nicht zwei Jahre auf die Baugenehmigung warten zu müssen, überreicht sie dem Bearbeiter ihres Antrages einen Umschlag mit 10.000 €. „Ich bin mir sicher, Sie schaffen das auch bis morgen. Mit dem Antrag ist alles in Ordnung. Glauben Sie mir!“

Paketübergabe

Geld von Hand zu Hand

M24 … und seine Folgen

AUFGABEN

1. a) Ordne die Abkürzungen den Logos der internationalen Organisationen zu (**M21**).
   b) Bildet Kleingruppen, wählt eine Organisation aus und recherchiert im Internet nach den Aufgaben der Organisation.
   c) Erstellt einen Steckbrief zu der von euch gewählten Organisation.
   d) Stellt der Klasse euren Steckbrief vor.
2. a) Nenne Ziele und Grundsätze, die die Vereinten Nationen verfolgen (**M22**).
   b) Stelle Vermutungen an, warum die UN und internationale Beziehungen wichtig sind, um den Klimawandel zu bekämpfen.
3. a) Lies den Text und beschreibe die Unterschiede der beiden Situationen (**M23**).
   b) Erkläre anhand eines Beispiels, was Korruption für dich bedeutet.
   c) Erläutere anhand der Abbildungen mögliche Folgen von Korruption (**M24**).
   d) Diskutiert, was gegen solches Verhalten helfen könnte und wer dies durchsetzen kann.

IST NACHHALTIGES WIRTSCHAFTEN NOTWENDIG?

DIE BEDEUTUNG VON NACHHALTIGKEIT IN DER WIRTSCHAFT UND IM PRIVATEN

Kapitel 4.1: M1-M3, M15-M17

Mit einer nachhaltigen Lebensweise ist längst nicht mehr nur gemeint, dass ein neu gepflanzter Baum einen zuvor gefällten ersetzt, sodass der Baumbestand weiterhin gesichert ist. Nachhaltigkeit bezieht sich besonders darauf, dass wir mit den Rohstoffen unserer Erde sorgsam umgehen. Somit soll auch für kommende Generationen eine gute Zukunft gesichert werden. Hier sind Unternehmen und wir als Verbraucherinnen und Verbraucher gefragt. Die deutliche Reduzierung von Verpackungsmüll, die Herstellung von langlebigeren Produkten, die auch eine Reparatur zulassen und die Nutzung von erneuerbaren Energien sollte für die Unternehmen an erster Stelle stehen. Verbraucherinnen und Verbraucher sollten bewusster auf nachhaltig und fair produzierte Waren zurückgreifen. Besonders bei Elektronikartikeln (z. B. Fernseher und Smartphones) muss die Wegwerfmentalität deutlich reduziert werden.

DAS KLIMA IM WANDEL

Kapitel 4.1: M4-M9

Das Klima ist ständig im Wandel, jedoch ist ein weltweiter Temperaturanstieg sowie das verstärkte Auftreten von extremen Wetterlagen und Naturkatastrophen beobachtbar. Durch unsere Art und Weise Dinge zu konsumieren, tragen wir zur Verstärkung dieser Probleme bei. Auch in Deutschland kann man erste Auswirkungen des Klimawandels beobachten: trockene Böden, Ernteausfälle, Waldbrände sowie Insektenplagen (z. B. der Borkenkäfer). Noch härter trifft es andere Länder: bewohnte Inseln verschwinden im Meer, Ernteausfälle in ohnehin armen Ländern verstärken Hungersnöte uvm.

RECYCLING

Kapitel 4.1: M11-M14

Wenn wir unserem Planeten nur Rohstoffe entnehmen, sind diese bald komplett verbraucht. Das ist problematisch, weil diese Rohstoffe meist nicht durch andere ersetzt werden können. Deshalb werden Dinge recycelt – also aufbereitet und wiederverwendet. So werden die Ressourcen unserer Erde, zum Beispiel Erdöl oder Holz, geschont.

NACHHALTIGKEIT FÜR ALLE MENSCHEN DIESER WELT!?

Kapitel 4.2: M1-M4

WARUM DIE GANZE WELT MITHELFEN MUSS

Auf der Welt gibt es viele Probleme: weltweite Erderwärmung, die Knappheit der natürlichen Ressourcen, die sinkende Artenvielfalt bei Tieren und Pflanzen sowie Armut, Kriege und politische Schwierigkeiten. Fast alle Staaten dieser Erde haben es sich zum Ziel gesetzt, diese Probleme durch geeignete Maßnahmen zu bekämpfen. Als SDGs (Sustainable Development Goals) bekannt, haben diese Staaten diesen weltweit geltenden Plan zur Förderung von Frieden und Wohlstand beschlossen. Die Staaten sind in der UN (United Nations) organisiert. Dieser Verbund von Staaten hat die zentrale Aufgabe, den Frieden und die Sicherheit auf der Welt zu erhalten. Partnerschaft und Zusammenarbeit sind hier gefragt, weil viele Probleme so komplex sind, dass sie sich nur gemeinsam lösen lassen.

Kapitel 4.2: M15-M20

KONSUM MIT VERANTWORTUNG

Auch für die Herstellung eines nachhaltigen Produkts wird Energie benötigt, in der Regel jedoch weniger als bei herkömmlichen Produkten. Immer mehr Unternehmen sowie Konsumentinnen und Konsumenten legen Wert auf nachhaltig hergestellte Produkte. Diese Produkte können zum Teil etwas teurer sein. Wenn mehr Menschen beim Einkauf zeigen, dass es ihnen wichtig ist, wie und wo Produkte hergestellt werden, wird die Wirtschaft entsprechend reagieren und verstärkt nachhaltige Produkte herstellen. Dieser Wandel im Konsumverhalten würde sich positiv auf den Energieverbrauch und die sparsame Verwendung von Ressourcen auswirken.

4.3 Wie sieht die Wirtschaft im Jahr 2050 aus?

Ein Blick in die Glaskugel

Keiner weiß, wie wir im Jahr 2050 leben werden. Was wohl mit unserer Umwelt, dem Klima, unserer Wirtschaft und der Art und Weise wie wir zusammenleben, passieren wird?

M1 Eine Zukunft, zwei Ideen

Tech-Topia

Ö-Topia

M2 Leben in Tech- und Ö-Topia

Tech-Topia

Verkehr

Flugtaxis über der Stadt

Wohnen

Tech-Topia ist sehr dicht bebaut, Grünflächen gibt es kaum noch. Die meisten wohnen alleine in Wohnungen, so groß wie ein Einfamilienhaus. Die Wohnung ist der Mittelpunkt des Lebens. Freunde lädt man über Streams oder als Hologramm zu sich ein. Gearbeitet wird fast nur noch von zu Hause.

Ö-Topia

Verkehr

Die meisten gehen zu Fuß, oder nehmen das Rad. Weiter weg geht es mit zuverlässigen, perfekt abgestimmten öffentlichen Verkehrsmitteln, die rund um die Uhr und in kurzen Abständen fahren. Autos gibt es keine mehr. Straßen wurden zu riesigen Fahrrad- und Fußwegen oder Grünanlagen. Fliegen will hier keiner.

Wohnen

Eigener Anbau von Kräutern und Gemüse

Konsum

Technologie

Neue Erfindungen sollen vor allem die Bequemlichkeit erhöhen oder gegen Naturkatastrophen schützen. Alles muss dabei automatisiert ablaufen. Kaum einer kann die Technik noch selbst bedienen. Die Abhängigkeit der Menschen von der Technik ist groß.

Umwelt

Plastik am Strand

Klima

Das Klima ist aus den Fugen geraten. Es gibt sehr viele Naturkatastrophen. Dürre, Fluten, Orkane, Tsunamis. Viel Technologie schützt Menschen und Gebäude vor den Auswirkungen. Jahreszeiten gibt es praktisch nicht mehr. Der Meeresspiegel ist deutlich gestiegen und die Pole weitestgehend eisfrei.

Konsum

High-Tech ist wichtig, aber so gebaut, dass man sie aufrüsten, reparieren und recyceln kann. Nichts wird einfach weggeworfen. Mode ist wichtig, aber Trends sind sehr langlebig. Nahrungsmittel kommen in bester Bio-Qualität, reich an Nährstoffen von stadtnahen Feldern. Einige besitzen Gärten in der Stadt und versorgen sich selbst.

Technologie

Energie aus Wind und Sonne

Umwelt

Saubere Luft, viele Wälder und klares Wasser in Flüssen und Seen. Energie wird aus nachhaltigen Quellen gewonnen. Auf Umweltschutz wird großen Wert gelegt. Es sind viele Tiere zu sehen und zu hören, sie werden besonders geschützt. Alles, was gebaut wird, muss im Einklang mit der Natur und ihren Bewohnern stehen.

Klima

Die vier Jahreszeiten

AUFGABEN

1. Beschreibe die Abbildungen in den Kästen (**M1**).
2. Seht euch die beschriebenen Bereiche an und entwerft zu zweit Gegenszenarien für die einzelnen Bereiche (**M2**).
3. Erläutert, in welchem Szenario ihr gerne leben würdest (**M2**).
4. Entwerft in der Klasse ein eigenes Szenario (z. B. Wirtschaft im Jahr 2050).

H zu Aufgabe 4
Nutze die Methodenseite auf der nächsten Seite.

Ein Szenario erstellen

Worum geht es?

Obwohl es niemand weiß, wie unsere Zukunft einmal aussehen wird, hat fast jeder eine Vorstellung davon, wie sie aussehen könnte. Diese Vorstellung nennt man auch Szenario. Szenarien müssen gut durchdacht sein und können im Anschluss der Klasse vorgestellt werden.

Geht dabei wie folgt vor:

1. Schritt: Ein Thema finden und Fragen stellen

- Überlegt in der Klasse, zu welchem Thema ihr ein Szenario erstellen möchtet. Achtet darauf, dass ihr ein Jahr festlegt, in dem euer Szenario stattfinden soll (z. B. 2050).
- Überlegt euch, welche Lebensbereiche in eurem Szenario betrachtet werden sollen. Ihr könntet z. B. den zukünftigen Verkehr, eure Wohnsituation, oder die Entwicklung des Klimas betrachten.

2. Schritt: In die Zukunft schauen – die Zeitreise beginnt

Beschreibt, wie die Menschen in den einzelnen Bereichen eures Szenarios (aus Schritt 1) leben werden. Verfasst dazu wenige treffende Sätze. Eurer Fantasie sollten keine Grenzen gesetzt sein. Entscheidet euch zunächst für eine besonders gute oder eine besonders schlechte Zukunft.

3. Schritt: Denke an das Gegenteil (nur für Expertinnen und Experten)

Verfasst zu dem aus Schritt 2 gewählten Szenario ein (besonders gutes oder besonders schlechtes) gegenteiliges Szenario.

4. Schritt: Vergleiche deine Zukunft

In eurer Klasse habt ihr verschiedene gute oder schlechte Szenarien beschrieben. Die tatsächliche Entwicklung ist meistens weder extrem gut noch extrem schlecht, sondern eine Mischung aus beiden Möglichkeiten. Diskutiert nun in der Klasse, wie die Zukunft im von euch ausgewählten Jahr aussehen könnte.

M1 Der Einkauf mit Folgen

Carolin bekommt am Wochenende Besuch. Sie hat Freunde zum Frühstück eingeladen. Voller Vorfreude schlendert sie durch ihren Lieblingssupermarkt, um Zutaten für einen Obstsalat zu kaufen. Sie geht hier besonders gern einkaufen, weil es zu jeder Jahreszeit tolles Obst und Gemüse aus aller Welt gibt.
Ein Blick in ihren Geldbeutel verheißt nichts Gutes, sie hat nur 10 € dabei. Carolin achtet also beim Einkauf auf die Angebote. Eine Mango für 0,99 €, eine Ananas für 1,99 € und 1 kg Bananen für 1,29 € sowie 4 Neuseeland-Äpfel für 0,89 € landen schnell in ihrem Einkaufskorb. An der Kasse angekommen, freut sie sich über den günstigen Einkauf. Vor dem Supermarkt trifft sie ihre Bekannte Anna. Stolz zeigt Carolin ihren Schnäppcheneinkauf. Anna schaut entsetzt auf den Einkauf und sagt „Diese Früchte im Sommer? Du weißt schon, wo diese Früchte herkommen und auf welchem Weg sie zu uns gelangt sind? Mein Garten ist zurzeit voller Erdbeeren und anderer Leckereien".

Aufgaben

1. Erkläre, warum Anna so entsetzt auf Carolins Einkauf reagiert hat.
2. Beschreibe, worauf Carolin bei ihrem nächsten Obsteinkauf achten sollte.
3. Der Supermarkt wirbt in der Obst- und Gemüseabteilung mit dem Spruch „Für Ihre Gerichte ist uns kein Weg zu weit! Täglich frisches Obst und Gemüse aus aller Welt". Nenne Vor- und Nachteile des Angebots für die Konsumentinnen und Konsumenten, den Unternehmer und die Umwelt.

Du hast dich damit beschäftigt, was Nachhaltigkeit ist, wer sich dafür einsetzt und was du selbst beitragen kannst. Schätze ein, wie sicher du dich in den folgenden Bereichen auskennst.

Ich kann ...	Das klappt schon ...	Hier kann ich noch üben ...
... erklären, was Nachhaltigkeit bedeutet und woher der Begriff stammt.		Kapitel 4.1: M1-M3
... beschreiben, warum sich meine Konsumentscheidungen auf das Klima auswirken.		Kapitel 4.1: M4-M7
... darstellen, was der Klimawandel ist.		Kapitel 4.1: M9
... erläutern, was Recycling ist und warum es sich lohnt, Rohstoffe wiederzuverwerten.		Kapitel 4.1: M11-M14
... beschreiben, was unter „ökologischer Fußabdruck“ zu verstehen ist.		Kapitel 4.1: M16
... beschreiben, was man für mehr Nachhaltigkeit selbst beitragen kann.		Kapitel 4.1: M19-M22
... erklären, was die Ziele für nachhaltige Entwicklung der Vereinten Nationen sind.		Kapitel 4.2: M1
... die Lebenssituationen anderer Kinder dieser Welt beschreiben.		Kapitel 4.2: M7-M8, M13-M14
... meine eigenen Konsumentscheidungen reflektieren.		Kapitel 4.2: M12-M13, M20
... erläutern, wer sich für Frieden einsetzt.		Kapitel 4.2: M21-M22
... beschreiben, was Korruption ist.		Kapitel 4.2: M23-M24
... mögliche zukünftige Entwicklungen mithilfe der Szenario-Methode darstellen.		Kapitel 4.3: M1-M2

Eine Positionslinie bilden

Worum geht es?

Mithilfe einer Positionslinie können Einstellungen körperlich zum Ausdruck gebracht werden. Dies kann in jedem größeren Raum geschehen, z. B. in eurem Klassenraum.

Geht dabei so vor:

1. Schritt: Vorbereitung

Auf einer gedachten oder durch einen Klebestreifen auf dem Boden markierten Linie positionieren sich die Schüler zu einer Frage oder zu einem Problem. Die Enden dieser Linie stellen alternative Pole (ja/nein; stimmt/stimmt nicht), der Abstand zwischen diesen Punkten entsprechend abgestufte Positionen dar.

↓ ↓ ↓

2. Schritt: Durchführung

Die Schüler werden dann aufgefordert, ihre Positionen zu begründen und sich auch argumentativ aufeinander zu beziehen.

Scholz, Lothar: Spielerisch Politik lernen. Methoden des Kompetenzerwerbs im Politik- und Sozialkundeunterricht, Frankfurt/M, 2003, S. 114

Ein Wandplakat erstellen

Worum geht es?

Ein Wandplakat bietet die Möglichkeit gelernten Inhalt zu visualisieren.

Geht dabei so vor:

1. Schritt: Vorbereitung

Haltet das Wichtigste fest. Hierbei können euch folgende Materialien helfen:

- Bilder, Tabellen, Fotos ...
- Kurze Informationstexte

↓ ↓ ↓

2. Schritt: Gestaltung

- Klare, saubere, deutliche Schrift
- Keine Rechtschreibfehler
- Farben verwenden, die auch von weitem gut erkennbar sind
- Raum gut aufteilen (nicht dicht gedrängt)

Nach: Klippert, Heinz: Methodentraining. Übungsbausteine für den Unterricht, Weinheim und Basel: Beltz Verlag 1999, S. 168

Eine Mindmap erstellen

Worum geht es?

Eine Mindmap (englisch: mind map; auch: Gedanken[land]karte, Gedächtnis[land]karte) erstellen, ist eine Technik, die für das Erschließen oder das visuelle Darstellen eines Themengebietes oft zum Einsatz kommt. Hierbei sollen Gedanken freien Lauf erhalten und so die Fähigkeit des Gehirns zur Kategorienbildung genutzt werden.

Geht dabei so vor:

1. Schritt: Das Thema bestimmen

Zuerst gilt es, ein möglichst konkretes Thema bzw. einen bestimmten Begriff zu bestimmen. Schreibt dieses Thema/diesen Begriff in die Mitte eines Papiers.

2. Schritt: Hauptäste setzen

Zieht Linien/Hauptäste von dem Thema/Begriff in verschiedene Richtungen. Schreibt dann Oberbegriffe in Großbuchstaben am Ende der Hauptäste. Mit diesen Oberbegriffen strukturiert ihr das Thema/den Begriff grundlegend, überlegt hier also genau, welche Begriffe ihr für die Hauptäste wählt.

3. Schritt: Erweiterung und Abschluss

Ergänze nun Nebenarme mit einer zweiten (und evtl. dritten) Gedankenebene.

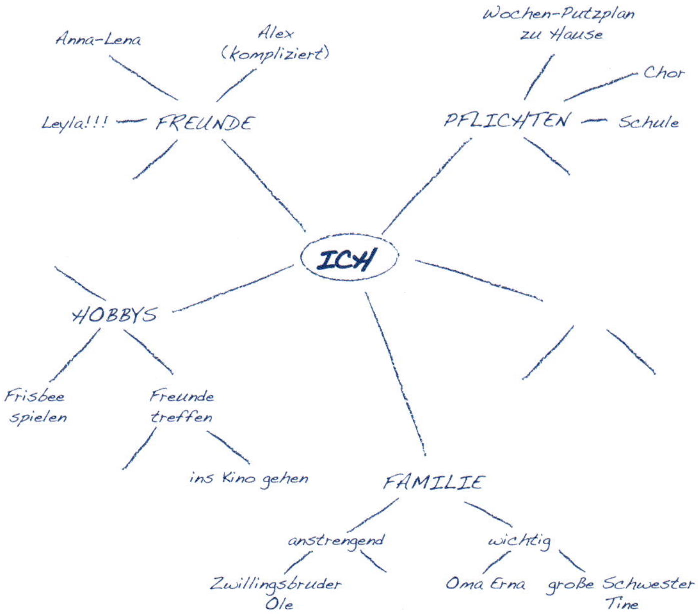

Ein Pro-Kontra-Streitgespräch führen

Worum geht es?

Im Pro-Kontra-Streitgespräch wird ein konfliktreiches Thema von allen Seiten beleuchtet. Unterschiedliche Meinungen werden mit dem Ziel zusammengetragen, sich mit verschiedenen Sichtweisen auseinanderzusetzen. Ihr sammelt in zwei Gruppen zu einer These oder einer Frage Argumente, um euren Standpunkt zu begründen. Ernannte Vertreter der Befürworter und Gegner tragen dann ihre Argumente in einem Streitgespräch vor. Ein Moderator leitet als neutrale Person das Gespräch. Die Beobachter bekommen konkrete Beobachtungsaufträge. Sie sind Gruppenmitglieder, die nicht an der Diskussion teilnehmen.

Im Pro-Kontra-Streitgespräch wird ein konfliktreiches Thema von allen Seiten beleuchtet. Unterschiedliche Meinungen werden mit dem Ziel zusammengetragen, sich mit verschiedenen Sichtweisen auseinanderzusetzen. Ihr sammelt in zwei Gruppen zu einer These oder einer Frage Argumente, um euren Standpunkt zu begründen. Die ernannten Vertreter der Befürworter und Gegner tragen dann ihre Argumente in einem Streitgespräch vor. Ein Moderator leitet als neutrale Person das Gespräch. Die Beobachter bekommen konkrete Beobachtungsaufträge. Sie sind Gruppenmitglieder, die nicht an der Diskussion teilnehmen.

Geht dabei so vor:

1. Schritt: Vorbereitung

- Teilt eure Klasse in zwei Gruppen auf: eine Pro-Gruppe und eine Kontra-Gruppe
- Legt pro Gruppe die Vertreter für die spätere Diskussion fest.
- Bereitet eure Argumente mithilfe des ausgegeben Materials vor.

2. Schritt: Durchführung des Streitgespräches

- Der erste Redner der Pro-Gruppe stellt in maximal drei Minuten seine Argumente zur These oder Frage vor.
- Der erste Redner der Kontra-Gruppe stellt ebenfalls seine Argumente zur These oder Frage in maximal drei Minuten vor.
- Es findet eine strikte Abwechslung der zwei Gruppen statt. Der Moderator achtet auf diesen Ablauf.
- Ein Redner jeder Gruppe trägt ein zusammenfassendes Schlusswort zum jeweiligen Standpunkt vor.

3. Schritt: Auswertung

- Die Redner sprechen über ihre Gefühle und Erfahrungen aus dem Gespräch.
- Die Beobachter bewerten das Streitgespräch.
- Zum Schluss stimmt ihr in der Klasse über die These oder Frage ab: Stimmt ihr zu oder nicht?

Einen Flyer gestalten

Worum geht es?

Auf einem Flyer werden Informationen kurz, präzise und anschaulich dargestellt. Hierzu müssen kurze Texte formuliert und das Papier ansprechend gestaltet werden.

Geht dabei so vor:

1. Schritt: Computer oder von Hand?

Entscheide, ob du den Flyer mit der Hand (a) oder am Computer (b) gestaltest.
(a) Nimm ein Papier oder eine Pappe im DIN A4-Format. Wähle eine Farbe aus, die zu deinem Thema passt und auf der man die Schrift gut lesen kann.
Falte das Blatt entlang der langen Seite so, dass drei gleichgroße Spalten entstehen. Du kannst die Knickfalten auch mit einem Lineal ausmessen.
(b) In einem Computerprogramm zur Textverarbeitung kann man das Seitenlayout des Dokuments einstellen: Wähle das Querformat und drei Textspalten. So kannst du den DIN A4-Ausdruck im Anschluss einfach falten.

2. Schritt: Inhalte anordnen

Der Flyer hat eine Vorder- und eine Rückseite und vier Innenseiten.
Die Vorderseite muss ansprechend gestaltet sein und das Thema bzw. die Fragestellung zeigen. Auf der Rückseite kannst du einen Appell an die Leser richten oder die Namen der Autorinnen und Autoren nennen. Wenn beide Außenseiten aufgeklappt sind, bleiben drei Innenspalten nebeneinander, die Platz für größere Zusammenhänge bieten können.

3. Schritt: Inhalte erstellen

Formuliere einen ansprechenden Titel. Erstelle eine grobe Gliederung der Inhalte und entscheide, was wo stehen soll. Formuliere anschließend die Inhalte vollständig.
Wichtig: Auf einem Flyer ist nicht viel Platz. Nutze (Zwischen)Überschriften, kurze Sätze und möglichst wenig Text.

4. Schritt: Flyer gestalten

Die Handschrift muss leserlich sein, die Schriftgröße am Computer mindestens 12pt groß. Die Überschriften sollten sich in Größe und Farbe von dem übrigen Text abheben. Ergänze passende Bilder oder Illustrationen.
Nenne unter Texten und Bildern die Quellen, die du genutzt hast.

Ein Ampelspiel durchführen

Worum geht es?

Das Ampelspiel dient dazu, euch eine eindeutige eigene Position zu bilden. Durch eine von drei Farbkarten (rot, gelb, grün) könnt ihr zu erkennen geben, ob ihr spontan einer bestimmten Aussage zustimmt, ob ihr unentschlossen seid oder ob ihr sie ablehnt. Mithilfe dieses Spiels macht ihr eure (Vor-)Ansichten deutlich, die dann in einer weiteren Arbeitsphase reflektiert werden können.

Geht dabei so vor:

1. Schritt: Vorbereitung

- Die Lehrkraft trägt verschiedene zugespitzte Aussagen vor.

2. Schritt: Durchführung

- Jeder von euch hat drei Karten: eine grüne, gelbe und rote Karte
- Bei jeder Aussage hebt ihr eine dieser Karten:
  Rot = Ablehnung,
  Gelb = Enthaltung,
  Grün = Zustimmung.

3. Schritt: Abschluss

- Nun könnt ihr euch darüber austauschen, wo euch die Positionierung am schwersten fiel.

Ein Placemat erstellen

Worum geht es?

Mithilfe der Placemat-Methode könnt ihr in Kleingruppen verschiedene Ideen zu einem Thema mit grafischer Unterstützung zusammenführen. Das Placemat-Verfahren hilft, eigene Arbeitsergebnisse mit Gruppenergebnissen zu vereinen.

Geht dabei so vor:

1. Schritt: Gruppen bilden und Placemat vorbereiten

- Bildet Vierergruppen und versammelt euch an einem Gruppentisch.
- Nehmt ein weißes Blatt Papier und zeichnet die nebenstehende Grafik nach.
- Legt die Grafik mitten auf den Gruppentisch.

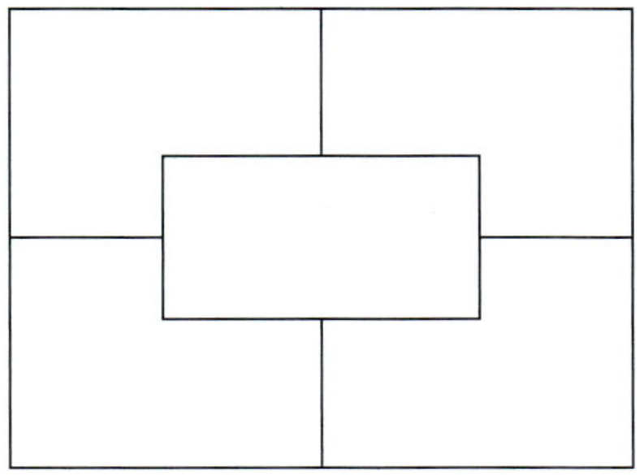

2. Schritt: Durchführung des Placemat-Verfahrens

- Jede Schülerin und jeder Schüler hat einen Außenbereich in der Grafik für sich. In diesen Bereich könnt ihr eure Ideen zu einem bestimmten Thema stichpunktartig eintragen.
- Wenn alle ihre Felder ausgefüllt haben, tauscht euch über eure Einträge aus. Dreht hierfür das Placemat einfach immer ein Stück weiter. So erfahrt ihr die Ideen der anderen.
- Ihr könnt die Ideen der anderen auch mit eigenen Ideen ergänzen.
- Wenn das Placemat wieder in der Ausgangsposition liegt, könnt ihr lesen, was eure Mitschülerinnen und Mitschüler in eure Felder hinzugefügt haben.
- Nun werden die Einträge in der Gruppe diskutiert. Einigt euch auf 3 Ideen/Punkte, die im leeren Feld in der Mitte notiert werden.

3. Schritt: Vorstellung

- Stellt eure Ergebnisse in der Klasse vor.
- Vergleicht eure Ergebnisse mit den Ergebnissen der anderen Gruppen. Gibt es Gemeinsamkeiten oder Unterschiede?

Eine Präsentation halten

Worum geht es?

Eine Präsentation ist ein Vortrag über ein Thema, der in einer begrenzten Zeit (etwa 10-15 Minuten) gehalten wird. Die häufigsten Formen sind mündliche Berichte, Kurzreferate bei Seminaren oder Übungsreferate in der Schule. Eine gute Vorbereitung für einen Vortrag ist wichtig, damit du am Ende etwas flüssig und auf interessante Art und Weise vortragen und die Zeit einhalten kannst.

Geht dabei so vor:

Der erste Eindruck ist entscheidend! ...

... Der letzte Eindruck bleibt!

1. Schritt: Vorbereitung und Einleitung

Eine gelungene Eröffnung des Vortrags ist die beste Möglichkeit, um beim Publikum Interesse für die Darbietung zu wecken. Du kannst deinem Thema entsprechend verschiedene Einstiegsvarianten auswählen.
Sicher kennst du die schlechteste Variante aus eigener Erfahrung: „Wir wollen heute einen Vortrag zum Thema ... halten." Und schon habt ihr das Desinteresse der Zuhörer auf eurer Seite. Also solltet ihr einen Einstieg wählen, der das Publikum

• visuell einstimmt, • provoziert, • persönlich anspricht, • durch eine kluge Fragestellung einbezieht, • mit einem Vergleich konfrontiert, • spontan anspricht, • überrascht oder • erheitert

2. Schritt: Durchführung

1. Interessiert sich dein Publikum erst einmal für euer Thema, kannst du Thema und Gliederung vorstellen. Damit beginnst du den Hauptteil des Referats – das eigentliche „Filetstück".
2. Deine Gliederung als „Fahrplan" der Darbietung schreibst du am besten auf eine Folie oder bringst sie vor Beginn des Referates auf einer Flipchart oder Tafel an. So kann das Publikum dem Inhalt deiner Präsentation gut folgen.
3. Plane den Hauptteil wie eine Regieanweisung. Plane die Übergänge zwischen den einzelnen Gliederungspunkten genau.

3. Schritt: Abschluss

1. Der Schluss fasst die wesentlichen Aspekte eures Referates zusammen.
2. Gut ist es, wenn Einstieg und Schluss einen gewissen Rahmen des Referates bilden.
3. Der Schluss ist auch dazu geeignet, offene Fragen zu formulieren und an das Publikum zur Diskussion weiterzugeben.

Nach: Deparade, Elke: Planung und Durchführung der Präsentation, Methodenlernen in der gymnasialen Oberstufe, Bamberg 2013, S. 97 f.

Register

Bildnachweis

© 2020 Bundesministerium der Justiz und für Verbraucherschutz – S. 69; AdobeStock / JackF – S. 11; - / Steve – S. 105; Alamy Stock Photo / Peter Probst – S. 111; BIO COMPANY – S. 91; Bundeszentrale für politische Bildung / CC BY-NC-ND 3.0, de – S. 111; dpa Infografik / Globus-Grafik – S. 59, 104; dpa Picture-Alliance / akg-images – S. 78; - / Daniel Bockwoldt – S. 78; - / Tim Brakemeier – S. 111; - / DUMONT Bildarchiv – S. 105; - / EU – S. 88; - / Christophe Gateau – S. 82 (2); - / Sven Hoppe – S. 82; - / Daniel Naupold – S. 90; - / Presse-Bild-Poss, Uta Poss – S. 82; - / robertharding, Angelo Cavalli – S. 105; - / Peter Steffen – S. 11 (2); - / SULUPRESS. DE, Thorsten Sukrow – S. 52; - / Welthungerhilfe, Bertram Sturm, Marion Aberle – S. 100; - / ZB, Jens Büttner – S. 53; foodsharing e. V. – S. 91; Getty Images Plus / iStock Editorial, balipadma – S. 10; - / iStockphoto, Aaron Amat – S. 11; - / iStockphoto, alptraum – S. 11; - / iStockphoto, AntoniStock – S. 88; - / iStockphoto, Artis777 – S. 112; - / iStockphoto, artJazz – S. 116; - / iStockphoto, blueringmedia – S. 30; - / iStockphoto, BrianAJackson – S. 69; - / iStockphoto, chameleonseye – S. 74; - / iStockphoto, Chesky_W – S. 115; - / iStockphoto, danielvfung – S. 10; - / iStockphoto, dikobraziy – S. 84/85; - / iStockphoto, DimoSobko – S. 87; - / iStockphoto, dontree_m – S. 14; - / iStockphoto, Dr_Microbe – S. 105; - / iStockphoto, drogatnev – S. 106; - / iStockphoto, EdnaM – S. 70; - / iStockphoto, fermate – S. 107; - / iStockphoto, golfcphoto – S. 87; - / iStockphoto, gopixa – S. 10; - / iStockphoto, graphicsdunia4-you – S. 88; - / iStockphoto, Grinya_Kiev – S. 70; - / iStockphoto, Halfpoint – S. 14; - / iStockphoto, dedy hartanto – S. 88; - / iStockphoto, Irina Iglina – S. 106; - / iStockphoto, ijeab – S. 112; - / iStockphoto, industrieview – S. 11; - / iStockphoto, itsdesignnet – S. 106; - / iStockphoto, JackF – S. 90; - / iStockphoto, Kiuikson – S. 91; - / iStockphoto, Koldunov – S. 116; - / iStockphoto, Koldunova_Ann – S. 90; - / iStockphoto, kritchanut – S. 53, 112; - / iStockphoto, L_ Mirror – S. 70; - / iStockphoto, levi086 – S. 10; - / iStockphoto, LightFieldStudio – . 11; - / iStockphoto, Microvone – S. 106; - / iStockphoto, monkeybusinessimages – S. 47 (2); - / iStockphoto, MuchMania – S. 106; - / iStockphoto, NikWaller – S. 87; - / iStockphoto, Nirad – S. 110; - / iStockphoto, NolanBerg11 – S. 11; - / iStockphoto, nubtis – S. 53; - / iStockphoto, Octopus182 – S. 106; - / iStockphoto, Panama7 – S. 105; - / iStockphoto, PeterSnow – S. 52; - / iStockphoto, PhotoMelon – S. 69; - / iStockphoto, photu – S. 52; - / iStockphoto, Pogonici – S. 53; - / iStockphoto, Askold Romanov – S. 67; - / iStockphoto, SbytovaMN – S. 115; - / iStockphoto, sergeyryzhov – Cover; - / iStockphoto, Studio Light and Shade – S. 116; - / iStockphoto, Vladimir Sukhachev – S. 70; - / iStockphoto, summerphotos – S. 23; - / iStockphoto, Sylphe_7 – S. 115; - / iStockphoto, Bartek Szewczyk – Cover; - / iStockphoto, urfinguss – S. 88; - / iStockphoto, Yarygin – S. 87; - / iStockphoto, yusnizam – S. 110; iStockphoto / bubaone – S. 106; - / _Zak – S. 106; Mauritius Images / Alamy Stock Photo, Jasper Chamber – S. 99; - / Alamy Stock Photo, DegImages – S. 69; - / Alamy Stock Photo, HMP – S. 46; - / Alamy Stock Photo, JENYA – S. 111; - / Alamy Stock Photo, New York City – S. 98; - / Alamy Stock Photo, Panther Media GmbH – S. 46; - / Alamy Stock Photo, TB – S. 111; - / Alamy Stock Photo, Roman Tiraspolsky – S. 98, 111; - / imageBROKER, Manfred Bail – S. 110; - / Felix Strohbach – S. 92; - / Westend61, Irina Heß – S. 92; Peter Menzel Faith d'alusio / Agentur Focus – S. 101 (4); Shutterstock / 3000ad – S. 115; - / Egor Shilov – S. 108; - / SS Studiofotografie – S. 105; - / Tero Vesalainen – S. 91; Statista GmbH, Hamburg – S. 60; TransFair e. V. (Fairtrade Deutschland), Köln – S. 88; www.takeaway.de – S. 40; www.wikimedia.org – S. 12